KEEP GOING

10 WAYS TO STAY CREATIVE IN GOOD TIMES AND BAD

AUSTIN KLEON

點子就是一直來

不論在順境還是逆境，10 個保持創意來源的方法

奧斯汀・克隆 Austin Kleon ／著

吳琪仁／譯

目次

OVERHEARD ON THE TITANIC

在鐵達尼號上聽到的對話

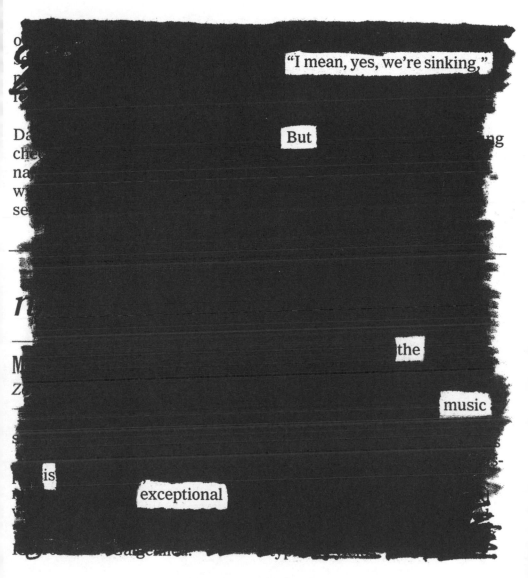

「我是說，沒錯，船正在下沈，」
但這音樂真是棒。

「我覺得自己需要有源源不絕的點子，並不是想要證明什麼，而是因為這樣可以讓我樂於直接就去做了……我認為保持有創意、保持忙碌，非常有助於讓自己一直維持活力。」

——威利‧尼爾森（Willie Nelson），美國歌手

I WROTE THIS BOOK BECAUSE I NEEDED TO READ IT.

我寫這本書是因為我自己也需要讀它

幾年前，每天早上我起床後，看到手機上的訊息標題，感覺世界在一夜之間又變得更蠢、更糟了。同時，我還是跟十幾年前一樣，一直在創作，但好像沒有變得比較得心應手。不是應該要更上手才對嗎？

不過當我接受「不會變得更上手」這個事實後，每件事好像就順利多了。這個世界還是很瘋狂。創作還是很困難。生命很短暫，但藝術恆久遠。

1

YOU WANT TO READ A BOOK ABOUT X

你想要讀　有關 x 的書

IS THERE A BOOK ABOUT X ?

有關於 x 的書嗎？

YES

有

NO

沒有

READ IT

去讀吧

WRITE IT

那就自己寫一本

不論你是已經完全耗盡、正在起步、重新開始，或者是成功得不得了，問題永遠都是這個：要如何維持一直有創意？

這本書要寫的就是曾經對我幫助很大的 10 件事。本來我是要寫給藝術家和文字創作者，但我想這些方法也適用於任何想要過著有意義、有創造力生活的人，例如創業者、老師、學生、退休者等。其中很多要點都是我從其他人偷學來的。希望你也可以從這裡面找到值得偷學的東西。

當然這些絕不是什麼法則。生命是一種藝術，不是科學。每個人受益的點都不一樣。請取走你需要的，割捨其他不需要的。

繼續往前，好好照顧自己。

我也會這麼做。

① EVERY GROUND

DAY IS HOG DAY.

每一天都是「今天暫時停止」

譯註：「今天暫時停止」原文為 Groundhog Day，是一部經
典美國浪漫喜劇電影，由比爾 · 莫瑞主演，1993 年
上映。此名也是北美的「土撥鼠日」。

TAKE ONE DAY AT A TIME.

每次把一天過好就行了

「我們沒有人知道未來會發生什麼事。那麼就不必花時間煩惱了。盡自己所能做出最美麗的東西就行了。試著每天這麼做。就這樣。」

——蘿瑞‧安德森（Laurie Anderson），
美國藝術家

每次有人開始談論「創作的旅程」，我就翻白眼。

因為那聽起來太崇高，太了不起了。

我唯一的創作旅程好像就是從我家後門，走到車庫的工作室，就那 3 公尺遠的距離而已。我坐在桌子前，瞪著一張白紙看，心想：「昨天我不也是這樣嗎？」

我在創作時，不覺得自己像奧德賽，而是比較像推著大石頭上山的薛西弗斯。我在工作時，不覺得自己像路克 · 天行者，而是比較像電影《今天暫時停止》裡的男主角菲爾 · 唐納。

各位可能沒看過這部電影，或者已經不太記得，讓我來先簡介一下。《今天暫時停止》是一部喜劇片，由比爾 · 莫瑞（Bill Murray）飾演菲爾 · 唐納，他是一位氣象播報人員，卻因為被困在時間迴圈中，每天早上醒來都是 2 月 2 日，也就是「土撥鼠日」（位於賓州的彭格蘇塔維尼，是著名的土撥鼠「菲爾」的所在之處，牠依據能不能看到自己的影子，來預測冬天是否還有 6 個星期結束）。菲爾 · 唐納這位氣

象播報員，痛恨彭格蘇塔維尼這個地方，這個小鎮於是變成了他的煉獄。他試過所有能想到的辦法，但還是無法脫離這個地方，也沒法來到 2 月 3 日這一天。冬天對於菲爾・唐納來說簡直是永無止境。不論他做什麼，每天早上他還是在同一張床上醒來，面對同一天。

在絕望之餘，菲爾・唐納問保齡球館飲料吧裡的醉客：「如果你被困在一個地方，每一天都是完全一模一樣，不管做什麼都沒用，你會怎麼辦？」

這個問題是菲爾・唐納必須要自己回答的，才能讓電影的情節再往前推進，但這也是我們必須要回答的問題，才能讓我們的人生繼續往前。

你要如何回答這個問題，我想就看你自己了。

every

Day

is

created

from scratch

每一天都是從刮刮看創造出來的

我不是頭一個認為《今天暫時停止》或許是我們這個時代一個偉大的寓言。該片的導演兼劇本合著者哈羅德 · 雷米斯（Harold Ramis）說，他收到許許多多牧師、拉比跟僧侶的信，盛讚這部電影所傳達的宗教訊息，而且宣稱就是其宗教的訊息。但我認為這部電影特別跟想要從事創意工作者有關。

理由如下：創意工作並不是線性進行，不是一直線從 A 到 B 這樣。創意工作比較像是一個迴圈，或是一種螺旋形的進程，因為每個案子結束後，你都會往回到一個新的起始點。不論你已經多麼成功，或多麼有成就，你永遠都不會真正地「抵達」。除非死亡，從事創意工作是沒有終點的，或者說沒有退休這回事。美國歌手伊恩 · 斯維諾尼烏斯（Ian Svenonius）曾寫道：「就算你已經成就非凡，還是會有極少數人在關注著，然後問說：『那接下來呢？』」

我所認識的真正多產的藝術家，都會一直回答這個問題，因為他們已經有了自己的「每日常規」——也就是一種可以重複的工作方式，讓他們不受成功、失敗，還有外在世界的混亂所影響。他們很清楚自己要把時間花在哪裡，所以不管怎

樣，每天都可以運作得很好。不論最近遇到的事是被外界拒絕、忽視，或是肯定，他們知道自己明天還是會醒過來，繼續做自己的創作。

我們在人生中可以掌控的事非常有限。我們唯一真正可以掌控的，就是我們如何過自己的生活，以及我們正在做的事，還有我們是多努力在做。這聽起來好像在坐牢，但我真的認為，如果你想要創作的話，最可以去做一件事就是，假裝自己是《今天暫時停止》（你個人版本）的主角：昨天已經結束了，明天永遠不會到來，你只有今天，你也只有今天可過。

「每個人可以打的仗，就是一天而已，」李奇蒙德・沃克（Richmond Walker）在他的著作《一天 24 小時》（Twenty-Four Hours a Day）中，一開頭是這麼寫的。「只有當你我把永無止盡的昨天跟明天當做負擔扛在自己身上，我們才會崩潰。今天過得如何並不會讓我們抓狂，而是昨天發生的事或擔心明天發生的事，才讓我們痛苦與懊悔。讓我們盡力一次過好一天就行了。」

嗨　　　嗨

你現在在做的是什麼？

找一個早上起床的理由

嗯，我也是。

創作的旅程並不會讓你頂著勝利的光環、然後從此就幸福快樂。真正的創作旅程是你每天早上醒來，像菲爾一樣，有更多的事要做。

「我們怎樣過每一天，就必然會怎樣過自己的人生。」

——安妮‧迪拉德（Annie Dillard），美國作家

ESTABLISH A DAILY ROUTINE.

建立規律的生活作息

「一個藝術天才要得仰賴技藝與規律的
生活作息，實在是超不屑的。但這真的
是維持清醒的絕佳方法。」

——克里斯托夫・尼曼
（Christoph Niemann），美國插畫家

日子總是有好有壞。有時候你覺得靈感泉湧，有時候你覺得很想死。（而有時候你無法分辨兩者有何不同）。

規律的生活作息可以讓你好好過完每一天，幫助你善用每一天。安妮 · 迪拉德曾寫道：「照表操課可以避免混亂與奇怪的念頭發生。它就像個網子，可以掌握住每一天。」當你不知道接下來該做什麼，日常的生活作息會告訴你。

當你沒太多時間，日常慣例可以幫助你好好利用所剩無幾的時間。當你時間太多，日常慣例可以幫助你不會白白浪費掉。我曾經白天一邊工作、一邊寫作，也曾離開家整天專心寫作，還有過一邊照顧小孩、一邊寫作。能夠在這些情形下寫作的秘訣，就是有一個固定的日程表，並且照表操課。

EVERY DAY :

每一天：

☐ HEAR A LITTLE SONG

聽一首歌

☐ READ A GOOD POEM

讀一首好詩

☐ SEE A FINE PICTURE

看一幅好畫

☐ SPEAK A FEW
　REASONABLE WORDS

說一些有道理的話

— GOETHE

——哥德

在《創作者的日常生活》一書中，作者梅森，柯瑞（Mason
Currey）記載了 161 位創作者的日常生活作息：包括他們何
時起床、何時工作、吃些什麼、喝些什麼、如何拖延的，諸
如此類。這本書可說人類行為的大蒐集。閱讀這些作家的生
活作息就像是在看一座人類動物園。卡夫卡是等家人都睡了
才開始在深夜裡揮筆疾書。普拉絲是趁小孩起床前，在早上
創作。巴爾札克一天要喝 50 杯咖啡。哥德要聞爛蘋果。史
坦貝克則是在開始寫東西前，要先削好 12 枝鉛筆。

不可否認閱讀這些創作者的日常生活作息是非常有趣，但也
清楚顯示出，對於從事創作者，世界上並沒有完美、普世通
用的慣例。柯瑞寫道：「每個人的日常作息是包含妥協、神
經病跟迷信的獨特組合，是透過各種嘗試與錯誤，以及受限
於各種外在條件所建立的。」你無法模仿自己喜愛的藝術家
的日常作息，然後期盼適用於自己身上。每個人的一天都充
滿了各種不同的責任：工作、家庭、社交生活，而且每位創
作者的個性也不一樣。

要建立起自己的生活慣例，你必須花點時間觀察自己平常的生活與心境。平常你的空閒時間是什麼時候？你可以把什麼刪除，騰出時間來？你是早起的人，還是夜貓子？（我很少遇到喜歡在下午創作的人。「我厭惡這種混雜的時段，既不是白天，也不是晚上，」狄更斯這麼寫道。）有哪些愚蠢的儀式或迷信可以幫助你進入創作的心情？（我在寫這段文字的時候，拿了一枝外表塗得像雪茄的鉛筆，叼在嘴巴裡。）

the Muse

is ready to

surprise me

if

i

how up every day
and

say,

"Wanna hang out?"

如果我每天都有現身，然後說：「想去晃晃嗎？」
繆司女神就會準備好出來嚇我一跳。

我猜想有些人把生活作息制訂得非常嚴格，簡直跟待在監獄沒什麼兩樣。但難道我們在生活中不都是某種程度的在「坐牢」嗎？當饒舌歌手小韋恩（Lil Wayne）在監獄服刑時，我覺得自己還蠻羨慕他的作息：早上 11 點起床，喝咖啡，打電話，洗澡，讀讀粉絲的信，吃午餐，打電話，讀書，寫東西，吃晚餐，做伏地挺身，聽聽廣播，閱讀，然後睡覺。「哇，我敢說如果我坐牢的話，一定可以寫出很多東西。」我跟我太太開玩笑說。（我去參觀惡魔島時，心想那裡說不定可以成為完美的作家聚居地。那裡視野真棒！）

小小的坐牢（如果是你自己規劃的）可以讓你自由。日常慣例不會限制你的自由，反而會讓你自由，在人生的起起伏伏中保護著你，幫助你好好利用有限的時間、精力與才能。規律的生活作息有助於建立好習慣，引導你做出好的作品。

最棒的是，當你覺得生活老是一成不變時，那些跟平常不同的日子就變得格外有趣。來個越獄想必很刺激，而如果你從沒去上過學，就難以體會蹺課有多好玩。

日常作息要包含什麼並不重要。重要的是要有規律的作息。簡單制訂出屬於你個人的慣例，盡量遵行，偶爾出於好玩，可以打破規則，如果需要，就加以修正。

「我一年前就先排好要宿醉了。」

——約翰‧華特斯（John Waters），美國導演

MAKE LISTS.

列清單

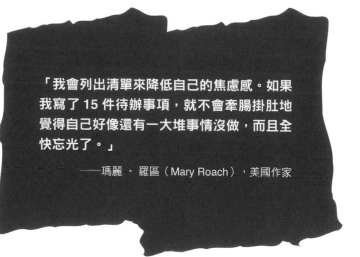

「我會列出清單來降低自己的焦慮感。如果我寫了 15 件待辦事項，就不會牽腸掛肚地覺得自己好像還有一大堆事情沒做，而且全快忘光了。」

——瑪麗 · 羅區（Mary Roach），美國作家

清單可以讓混亂的世界變得有秩序。我喜歡做清單。每回我必須弄清楚人生的方向時，我會做個清單出來。清單可以從腦袋中取出所有的想法，整理心智的空間，這樣就真的能夠運用這些想法。

當頭昏腦脹時，我會回頭用做清單這個老招。我會做一大串清單，列出所有必須做的事，接著找出最急迫的那件事，先做它。然後我把這條從清單上劃掉，再找出另一件事來做。就這樣重複做下去。

有些我喜愛的藝術家會用畫圖的方式做清單。例如，英國藝術家大衛 · 史瑞格里（David Shrigley），他會做一個有 50 件待辦事項的清單，在一週前就先畫好。有了這個清單，代表他不必浪費在工作室裡的時間，煩惱著不知道要做什麼。「這些年我學到一件很簡單的事，就是要有個起始點，只要有一個起始點，事情似乎就水到渠成。」他說。

達文西也做清單，他做的是「學習」清單。每天早上他起來後，會寫下當天要學習的事。

HOW TO BE HAPPY

怎樣快樂起來

① READ OLD BOOKS.

讀讀舊書

② GO FOR LONG WALKS.

出去走路，走久一點

③ PLAY THE PIANO.

彈琴

④ MAKE ART WITH KIDS.

跟小孩一起畫畫

⑤ WATCH SCREWBALL COMEDIES.

看很蠢的搞笑電影

⑥ LISTEN TO SOUL MUSIC.

聽靈魂音樂

⑦ WRITE IN A DIARY.

寫日記

⑧ TAKE NAPS.

小睡一下

⑨ LOOK AT THE MOON.

看看月亮

⑩ MAKE DUMB LISTS.

做很蠢的清單

SOME NOTES TO MYSELF →

寫給我自己的註解

如果有什麼事情是我想要做，但現在沒空做的，我會放進生產力大師大衛 · 艾倫（David Allen）所謂「未來／可能」的清單。作家史蒂芬 · 強生（Steven Johnson）則是做一個他稱之為「火花」的檔案，每次他想到什麼新點子，就放進這個檔案裡，然後每隔幾個月回頭看裡面列了哪些點子。

有時候把「不做」的事情列下來也很重要。龐克樂團 Wire 的成員可能無法有一致的喜好，但卻可以對什麼是「不喜歡的」達成共識。所以在 1977 年，他們坐下來，列出他們的原則：「沒有單獨表演；沒有裝飾；不廢話；不合唱；不搖滾；講重點；不美式。」這個清單定義了他們的音樂創作風格。

當我必須做決定時，我會做個清單，列出正反面的意見。1772 年，富蘭克林跟他的朋友約瑟夫・普里斯特里（Joseph Priestly）解釋：「拿一張紙，在中間畫一條線分成兩部分，一邊寫下正面的意見，另一邊寫下反面的意見。」達爾文在決定要不要結婚時，也做了一個贊成與反對意見的清單。

當我早上腦袋卡住，不知道要在日記上寫什麼時，我就來寫個清單。我會在紙上面畫一條線，一邊寫下感恩的事，一邊寫下需要幫助的地方。這是一種紙上禱告。

美國設計師亞當・薩維奇（Adam Savage）說：「清單把目的收集起來。」我喜歡在每年年底回顧過去這一年自己去了哪些地方，所以我會做一個 TOP100 的清單，列出我最喜歡的旅程、書、專輯、電影等等。這個點子我是從漫畫家約翰・波爾切利諾（John Porcellino）偷來的。他在自行出版的 King-Cat 漫畫中，有一次介紹了一份 TOP40 的清單。（他

THANKS
FOR:

HELP
ME:

A
PAPER
PRAYER
紙上禱告

感謝的事：

幫助我：

也是清單的重度愛好者；他在坐下來真正開始畫之前，會做一長串清單，列出要畫在漫畫刊物中的故事與插圖點子。）這些 TOP100 的清單，就像經過整理的日記，讓我在回顧過去時感到獲得了撫慰，可以看到哪些有改變，哪些沒有。

當我需要得到精神上的力量時，我則是做一個我個人版本的「十誡」，列出「你當」與「你不可」的清單。

「你的清單就是你的過去和未來。隨時帶著，按優先順序處理：今天、本週，以及之後的。當有一天你死去的時候，有些待辦事項仍會留在清單上，但現在，當你還活著的時候，你的清單可以幫你找出，在自己有限的人生中，什麼應該是要優先完成的事情。」

——湯姆 · 薩克斯（Tom Sachs），美國藝術家

「過完每一天，就算大功告成……你已經盡力了；有些錯誤與荒謬肯定不知為何就是會出現，盡快忘掉就對了。明天是新的一天；你會平靜愉悅地開始新的一天，精神飽滿得不得了，過往那些無聊的事都不會再讓你煩惱。」

——拉爾夫‧沃爾多‧愛默生
（Ralph Waldo Emerson），美國作家

FINISH EACH DAY AND BE DONE WITH IT.

過完每一天，就算大功告成

不是每一天都能如我們所願。所有的日常生活慣例與待辦清單裡都是懷有夢想的。「你潛水下去找珍珠，」美國歌手傑瑞・加西亞（Jerry Garcia）說，「可是，有時候最後只找到牡蠣而已。」

重要的是，不論如何，就是把這一天過完。不管這天過得有多糟，只有過完才能到明天。《紅字》作者霍桑（Nathaniel Hawthorne）跟他 5 歲的兒子在一塊度過了一天後，在日記中寫道：「我們已經盡力擺脫了這一天。」有時候我們就是得盡力過完這些日子。

當日落西沉，我們在回顧這一天時，請讓自己放鬆一下。小小的自我寬容，可以讓我們走得更長遠。在上床睡覺前，做個清單，列出自己完成的事情，另外再寫一個清單，列出希望明天完成的事。然後就別想了，帶著一顆清明的心進入夢想，讓潛意識在睡覺時去運作就好。

現在看起來像是浪費掉的一天，日後或許會有其意義或作用。電玩繪圖藝術家陳彼得（Peter Chan），年輕時很喜歡畫畫，但他會因為覺得畫得「很爛」，沮喪之下，就揉成一團扔掉。他父親勸他不要揉掉這些畫得不好的作品，平放在垃圾桶裡就好，因為這樣可以放比較多張。父親過世後，陳彼得在父親的遺物中找到一個名為「彼得」的檔案夾，他打開一看，裡面全是自己以前扔掉的圖。原來他父親以前會偷偷跑進他房間，把他認為值得留下的畫從垃圾桶裡撿起來。

Did we survive the day?

yes,

the key

question

on

those dark days

我們從這一天存活下來了嗎？是的，
有問題的主要就是那些黑暗的日子。

每一天都像是空白的一頁：當我們寫滿之後，可以留存，可
以揉成一團扔掉，也可以放進回收箱裡，放著就好。時間會
告訴我們，它們有什麼價值。

「每一天都是新的交易。繼續努力，
或許某些東西就會冒出來。」

——哈維・佩卡（Harvey Pekar），
美國漫畫作家。

② BUILD BLISS

A STATION.

建造一個福佑小站

DISCONNECT FROM THE WORLD TO CONNECT WITH YOURSELF.

斷開外在世界，與自己連結

「如果不入世的話，關於人生好像就沒什麼可說的，但是如果不抽離的話，也不可能想得出來要說什麼，或者怎樣表達最好。」

——提姆・克瑞德（Tim Kreider），
美國漫畫家／作家

創意關乎「連結」——你必須跟他人有連結，才能有所啟發，並且分享作品。但創意也跟「抽離」有關。你得抽離這個世界夠久，才能思考、著手進行，然後產出某些值得與他人分享的東西。你得玩玩捉迷藏的遊戲，才能產出值得被發現的東西。

保持安靜與獨處是關鍵。現代世界充滿了推播、24 小時即時新聞、線上即時互動，完全不適合深居簡出的創作者，因為他們必須安排有序，才能深入專注在自己的創作上。

在《神話的力量》一書中，作者約瑟夫 · 坎伯（Joseph Campbell）認為，每個人都應該要建造一個「福佑小站」：

> 你必須有個房間（或一個小時，甚至一天），在那裡，你不知道早上有什麼新聞，你不知道朋友是怎樣的人，你不知道有欠誰什麼，你不知誰有欠你什麼。在這個地方，你就是體驗與展現你是怎樣的人或可能是怎樣的人。這裡可說是一個創意孵育之處。剛開始你可能覺得什麼也沒發生。但只要你有個神聖的地方，加以運用，終有一天會發生什麼的。

請注意坎伯說你必須有個房間，「或」一個小時。「福佑小站」不僅可以是一個「地方」，也可以是一段「時間」。它不只是一個神聖的空間，也可以是一段神聖的時間。

最高檔的組合就是既有一個特別的空間，也有一段特別的時間，可以讓你進入。但我想缺少其中一項也是 ok 的。例如，你住的公寓不大，孩子也還小，可能沒有多餘的空間讓你打造一個「福佑小站」，你能有的就是「時間」。當小孩睡了或去上學，或在保姆那裡，家裡的餐桌也可以成為你的「福佑小站」之處。或者你非常忙，行程常常變動，可能找不出固定的時間，那麼只要在任何空檔，找到能夠讓自己專注的地方也可以。

THE BLISS STATION IN MY GARAGE
在我車庫裡的「福佑小站」

登入

LOG OFF

登出

開聲音

MUTE ALL

靜音

退出

CARRY ON

繼續

顯然如果我們每天能夠安排一個時段，切斷與外在世界的聯繫，好好跟自己連結，這樣是最好的。小孩、工作、睡眠，還有一千件其他的事情可能讓我們無法做到，但我們必須找到自己的神聖空間、自己的神聖時間。

「你的福佑小站在哪裡？」坎伯問道。「你必須要努力找到它。」

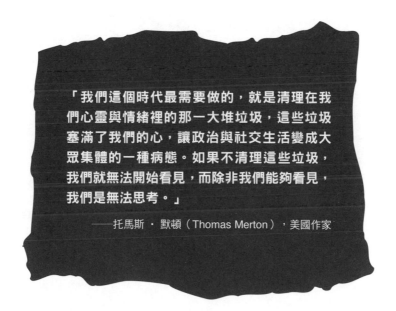

「我們這個時代最需要做的，就是清理在我們心靈與情緒裡的那一大堆垃圾，這些垃圾塞滿了我們的心，讓政治與社交生活變成大眾集體的一種病態。如果不清理這些垃圾，我們就無法開始看見，而除非我們能夠看見，我們是無法思考。」

——托馬斯 · 默頓（Thomas Merton），美國作家

YOU CAN BE WOKE WITHOUT WAKING TO THE NEWS.

你不必一起來就看新聞

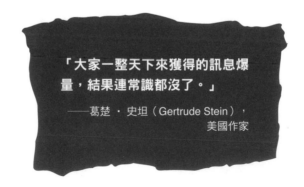

「大家一整天下來獲得的訊息爆量，結果連常識都沒了。」

——葛楚‧史坦（Gertrude Stein），
美國作家

我有一個朋友說，每天早上看到這些可怕的新聞，他不知道自己還能忍受多久。我跟他說，他大可不必一起來就看這些新聞，任何人也都不必。

這些新聞裡頭根本沒有什麼是我們早上醒來第一時間需要知道的事。當你醒來，伸手拿手機或筆電時，就等於是立刻召來焦慮與混亂進入自己的生活了。你也等於是大聲向創意工作者生活中最有生產力的時刻說掰掰。

許多創作者發現，他們在剛醒來時的工作狀態最好，因為這個時候他們的心智煥然一新，而且還在半夢半醒的狀態中。名導演法蘭西斯・柯波拉（Francis Ford Coppola）說，他喜歡在清晨工作，因為「大家都還沒起床，沒人會打電話給我，或讓我難受。」我讓自己不好過的最簡單方式，就是早上一醒來就打開電話。即使很難得有時候沒讓我自己難受，時間也這樣過去了，腦袋也亂成一團。

當然不論是在什麼時候看，這些新聞都自有其方式讓我們頭腦混亂。1852 年，梭羅（Henry David Thoreau）在日記裡抱怨說，他開始看每週的週報之後，便覺得自己無法集中注意力在自己的生活與工作上。他寫道：「你得花超過一天的時間，才能瞭解與掌握一天中的精華是什麼。閱讀那些遙遠、誇大的事情會讓我們墜入陷阱，忽略那些顯而易見、就在自己身邊的微小事物。」他決定，由於自己的專注力太寶貴了，所以停止閱讀每週的論壇報。在梭羅發出怨言的 166 年後，我發現改讀週日的報紙是比較好的折衷方式：因為做為一個見聞廣博的公民，他所需要知道的一切事，在週日報紙裡的新聞幾乎都已經涵蓋了。

如果你是靠手機叫醒自己，然後一整個早上就毀了，不妨試試這樣做：睡覺前，把手機插到房間另一頭的插座上，或是放到伸手拿不到的地方。當你醒來的時候，盡量不要先去查看手機。

達文西早上起床後，會做一個清
單，列出當天要學習的項目。

我都是醒來後看手機
上的新聞。

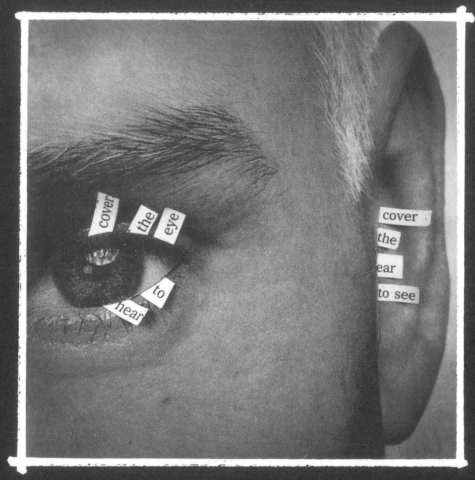

遮住眼睛去聽　　　　　　搗住耳朵去看

還有很多更好的方式，可以幫助你醒來：走去你的福佑小站、吃早餐、做伸展、運動、散步、跑步、聽聽莫札特的音樂、沖個澡、讀一本書、跟小孩玩，或者就是安靜下來一會兒。即便只有 15 分鐘也好，在早上給自己一段時間，完全不要被新聞煩擾。

這不是要你抱著鴕鳥心態過日子。而是要維持你內在的平衡與平靜，這樣你才能夠強大，努力創作自己的作品。

你可以不必一起床就去看那些新聞，也可以過得很好。

「把注意力放在你的內在世界，而不是那些廣告、蠢貨跟明星。」

——多蘿西婭‧坦寧（Dorothea Tanning），
美國畫家

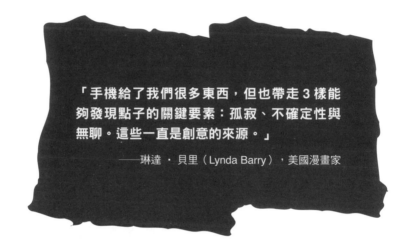

「手機給了我們很多東西，但也帶走３樣能
夠發現點子的關鍵要素：孤寂、不確定性與
無聊。這些一直是創意的來源。」

——琳達‧貝里（Lynda Barry），美國漫畫家

AIRPLANE MODE
CAN BE
A WAY OF LIFE.

飛航模式可以是一種生活方式

在《座位指定》的系列作品中，美國藝術家妮娜 · 凱巧朵琳（Nina Katchadourian）是在長途、與外界隔絕的航空班機上創作，她所使用的用具僅有手機、旅行用的物品，以及飛機上能找到的東西。她曾在飛機上的雜誌圖片上灑點鹽巴，製造出鬼魅般的幽靈圖像，也曾把毛衣捲成大猩猩的臉。她還拿飛機廁所的衛生紙與馬桶坐墊紙，做成衣領跟帽子，然後自拍，模仿成法蘭德斯的肖像畫。

雖然我們很多人都努力對抗手機成癮，但妮娜・凱巧朵琳卻想到怎樣把智慧型手機轉變成一種工具來創作。最厲害的是，沒什麼人在意她在幹嘛。「如果你是拿出一台真正的相機，就等於在昭告天下：『我在創作！』」她說。但旁邊的人卻以為她只是坐飛機無聊，在殺時間。自 2010 年以來，《座位指定》系列已經完成了在 200 多班飛機上創作的作品，而根據藝術家本人的說法，這些年來只有 3 位同機的乘客問她在幹嘛。

現在每次我在搭飛機時，都在想自己可以創作什麼作品。我的寫作老師以前曾開玩笑說，寫作的第一條法則就是「把屁股黏在椅子上」。由於在飛機上你必須把電子裝置轉成飛航模式，等於就是被綁在椅子上，我發現飛機上是一個可以好好完成創作的絕佳場所。

having become

bored out of her gourd

the artist

started working

當無聊到爆，
藝術家就開始創作。

絕對不要付錢
買 WIFI　　　　絕對不

看看書　　　　寫個信
玩遊戲　　　　塗鴉畫畫

你可以看看窗外
　　質疑人生的選擇
思考死亡

絕對不要付錢　　　阿門
買 WIFI

那麼何不在地面上複製這種經驗？我們不必得要搭飛機才能轉成飛航模式：找個便宜的耳塞戴上，把手機或筆電轉成飛航模式，就能將平常通勤的時間，或「坐牢服刑」的時間，轉換成一個機會，重新跟自己與作品連結起來。

飛航模式不只是在手機上的設定而已，它還可以是一種生活方式。

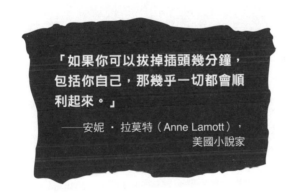

「如果你可以拔掉插頭幾分鐘，包括你自己，那幾乎一切都會順利起來。」

——安妮・拉莫特（Anne Lamott），
美國小說家

「我必須要婉拒，為了無可奉告的理由。」

──E.B. 懷特（E.B.White），美國作家

LEARN HOW TO SAY NO.

學會怎樣說不

為了保有自己的神聖空間與時間，你必須學會怎樣婉拒各種外在的邀約。你必須學會怎樣說「不」。

英國醫生作家奧利佛・薩克斯（Oliver Sacks）在他家的電話旁邊，會貼上一個斗大的「NO!」，來提醒自己要保留寫作的時間。建築大師柯比意（Le Corbusier）早上是在家裡畫畫，下午到辦公室從事建築師的工作。他說：「每天早上畫畫，可以讓我在下午頭腦清晰。」他盡可能將這兩種身份區分開來，甚至還在畫作上簽上自己的本名：Charles-Édouard Jeanneret。有一次，一個記者在他畫畫的時段去他

家敲門，說要找柯比意。柯比意大剌剌看著對方的眼睛說：
「不好意思，他不在。」

說「不」本身就是一種藝術。美國當代藝術家賈斯伯‧瓊斯（Jasper Johns）會用一個大大特製的「Regrets」（抱歉）印章來回應各種邀約。美國科幻作家羅伯特‧海萊恩（Robert Heinlein）、評論家艾德蒙‧威爾森（Edmund Wilson）和 Raw 雜誌的編輯，則是使用 checkbox 的 form responses。現今我們大多數都是收到電郵形式的邀約，所以如果有現成的「不了，謝謝」的範本就方便許多。亞歷珊卓‧法蘭森（Alexandra Franzen）在她的文章「如何優雅地跟其他人說不」中建議：先謝謝來邀約你的人，接著婉拒，然後如果可以的話，用另一種方式支持對方。

DEAR _____,
親愛的XXX

THANKS SO MUCH FOR
THINKING OF ME.
非常感謝您想到我。

UNFORTUNATELY, I MUST
DECLINE.
不過很抱歉，我必須婉拒您的邀請。

BEST WISHES,
祝好

_____

向
不是自己的其他人
說不

社群媒體已經創造了一種「社群恐慌症」（FOMO，Fear of Missing Out，直譯：錯過的恐懼）的人類心理疾病。這種感覺是，透過滑動手機的螢幕頁面，你覺得全世界的人好像過得都比你好。唯一的解方就是「管它的」（JOMO，Joy of Missing Out，直譯：錯過的喜悅）。如同部落客阿尼爾‧達什（Anil Dash）說的：「有人將生命中的某些時間花在自己也曾經非常喜歡的某個事物上，我們知道了就拍拍手叫好，覺得很開心即可，但是就讓它過去吧。」

對世界說「no」可能真的很難，但有時候這是唯一對創作與理智說「yes」的方法。

「專注就是說不。」
——賈伯斯（Steve Jobs），
蘋果公司創始人之一

③ FORGET
DO THE

THE NOUN, VERB.

忘記名詞，做動詞。

"CREATIVE" IS NOT A NOUN.

「創意」不是一個名詞。

「你必須完成了某件事，才能被說是完成某件事。藝術家、建築師或音樂家的頭銜，都必須是贏得而來的。」

——大衛．希基（Dave Hicky），美國藝評家

很多人想不做動詞，就可以成為名詞。他們想要有頭銜，但不必做事情。

放掉你想要成為的那個「名詞」，專心在你要做的真正工作上，也就是「做動詞」。做動詞可以讓你更往前，到達更有趣的地方。

如果你選了錯誤的名詞而嚮往之，你也會被錯誤的動詞困住。當人們用「創意」做為工作頭銜的一部份時，不僅是錯誤地把世界只分成「有創意」與「無創意」兩個部分，還暗示有創意的工作才是真正「有創意」。但是創意是無止無盡的，它是達成某件事情的「方法」。創意只是一種工具。創意可以應用來布置家裡的起居空間、畫一幅出類拔萃的作品，或設計大規模毀滅的武器。如果你只是渴望看起來從事「創意」工作，那你或許可以花點時間這麼做來彰顯自己：例如，戴名牌眼鏡、使用 Macbook Pro、把你在充滿陽光的工作室的照片上傳到 IG 上。

工作頭銜會把你搞得一團亂。如果太把頭銜當回事，你會覺得自己必須以某種與頭銜相稱的方式工作，而不是以與真正工作內容相稱的方式工作。頭銜也會限縮你覺得自己可以做的工作種類。例如，如果你認為自己是一位「畫家」，那假設你想嘗試寫作的話怎麼辦？如果你只認為自己是「製片」，那假設你想嘗試雕塑的話怎麼辦？

如果在真正開始工作之前，你想等別人先給你個頭銜，那麼你可能永遠都沒法得到那個工作。因為你不能先要別人稱呼你為藝術家，但自己卻根本沒創作出任何作品。你永遠都沒法辦到的。

還有，當你最後終於成了那個名詞，也就是當你夢寐以求的頭銜是由他人賦予你的時候，請不要停止，要繼續做你的動詞。

工作頭銜其實不是為了你自己，是給別人看的。讓別人去煩
惱他們自己的頭銜問題。必要的話，你可以把自己的名片給
燒了。

完全忘掉名詞。做動詞。

「我不知道我是什麼。我只知道我不是目
錄。我不是一個事物，也不是一個名詞。我
似乎是一個動詞，一個一直在進化的過程。」
——巴克敏斯特 · 富勒（R. Buckminster Fuller），
美國建築家

YOUR REAL WORK IS PLAY.

你真正的工作是玩耍

所有小孩都是透過玩來認識這個世界。我們會用「兒戲」
這個詞來形容事情很容易，但如果認真觀看小孩玩耍，
你會發現那一點也不容易。瑪麗亞 ‧ 蒙特梭利（Maria
Montessori）說：「玩耍就是小孩的工作。」當我的小孩在
玩的時候，他們真的是全神投入。他們的眼神就像雷射光束
一樣集中，臉龐因為專注而皺了起來。當他們沒法把東西做
成自己想要的樣子，會大發雷霆。

不過小孩玩耍最厲害的一點是，他們對於最後結果是完全地不在意與輕鬆以對。我的兒子兩歲時，我花了非常多時間看他畫畫。我注意到他根本不在乎最後自己畫了什麼（名詞），他所有的精力都放在畫圖這個動作上而已（動詞）。他畫完後，我可以塗掉、丟進垃圾桶，或掛在牆上。他完全不在意。他對於媒材與用具也沒什麼概念：他會很高興地拿蠟筆畫在紙上、用麥克筆畫在白板上，或者要測試爸媽的忍耐度，拿粉筆畫在外面長椅上的坐墊。（下面這張圖實在太棒了，我太太決定把它繡起來。同樣的，他完全無感。）

玩耍就是小孩的工作，也是藝術家的工作。我有一次走到舊金山一個佈道所，跟一個街頭畫家小聊了一下。我謝謝他花時間跟我聊，同時對於打擾他工作感到抱歉。他說：「不要覺得我是在工作。其實我比較像是在玩耍。」

偉大的藝術家都能在他們的藝術生涯中保持這份玩心。當藝術家太關切、太聚焦最後的結果，通常也是他們會覺得最痛苦的時候。

如何保持輕鬆、回到孩子玩耍的狀態，是有一些訣竅的。作家馮內果（Kurt Vonnegut）曾寫信給一群高中生，規定他們的回家作業是：寫一首詩，不要給任何人看。然後撕成碎片，丟到垃圾桶。「你會發現自己因為這首詩而獲得極大的獎賞。你體驗到自己的存在、認識更多自己的內在，而且你已讓自己的靈魂閃閃發光。」馮內果所說的，就是創作的目的：「創作某一種作品，不論好壞，都是讓你靈魂閃耀的一種方式。」馮內果終其一生都在重複提他這項建議，只是版本不同。他曾建議自己女兒，在作品完成後，把它燒掉，「當做是一種精神性的習作」。（燒掉作品與淨化作用有關：藝術家約翰・巴爾代薩里〔John Baldessari〕因為厭惡自己的作品，把它燒了，剩下的灰則放進一個骨灰甕裡。）

Looks Like

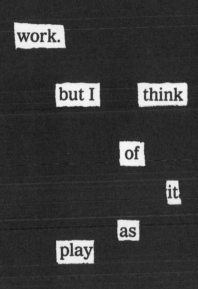

work.

but I   think

of

it

as

play

看起來像工作，但我認為是玩耍。

我們是怎麼做的，
我們是在玩耍中努力做。

如果你已經失去玩心，那不妨就當成是練習。你不必做到把作品燒了這麼極端。音樂家會因為陷入瓶頸而無法錄音。作家跟藝術家會寫完一頁或畫好一張，然後扔掉。攝影家也會拍了照又立刻刪掉。

沒有什麼比做個新玩具更好玩了。找些陌生的工具跟材料，看看有沒有什麼新鮮的東西可以拿來玩玩。

另外還有一個撇步：當再也找不到什麼有趣的東西可做時，試試做個爛作品。像是，最醜的畫、最差的詩、最難聽的歌。故意做出最糟的作品是非常好玩的。

最後，試試跟小孩子玩。可以玩躲貓貓、手指畫、用積木堆出一座塔，然後推倒。從中偷取任何你可以用的。當作家勞倫斯 · 韋施勒（Lawrence Weschler）得為自己的作品想出大綱時，他會去玩自己專屬的一套積木。「我女兒是不可以動這些積木的，」他說，「因為這是我的。」

不要陷入僵局。放輕鬆。玩耍。

「你必須練習裝笨、裝呆、不思考、放空。然後就能夠『做』了……試試看做一些爛作品，那種你可以想得到、看得到的最爛作品，但重要的是放鬆，然後所有一切，管它去死吧——你不必為這個世界負責——只要為自己的作品負責就好——所以就去做了吧。」

——索爾・勒維特（Sol Lewitt）
致伊娃・海瑟（Eva Hesse）

④ MAKE

GIFTS.

做禮物

「當你開始想著錢時，上帝就
走出去了。」

──昆西‧瓊斯（Quincy Jones），
美國音樂製作人

PROTECT YOUR VALUABLES.

保護你的珍貴資產

有一個現代的文化現象讓我很抓狂。

假設你有個朋友很會織美麗的圍巾。編織讓他的心靈平靜，度過漫長的通勤時間。

你還有另一個朋友喜歡烤蛋糕。烤蛋糕讓她從高壓的職場下班後，可以在晚上跟週末好好放鬆。

然後有一天你跟這兩位朋友去參加一個生日派對。你那位喜歡編織的朋友，送給壽星一條他最近剛織好的圍巾，真的非常美麗。

現場的正常反應會是什麼？

「你可以拿到網路上賣！」

壽星拆開所有的生日禮物之後，你那位喜歡烘焙的朋友拿出蛋糕。每個人都非常開心。

大家會說什麼？

「妳可以開一家蛋糕店了！」

我們現在都被訓練得很會用商業術語大大讚美我們的朋友。任何人只要一展現任何才能，我們就會建議他們把這項才能當成職業。這就是我們最大的讚美：告訴別人，他們把自己的嗜好做得太厲害了，應該要靠這個賺錢。

我們以前有嗜好；現在則是有「斜槓」。當經濟景況持續不佳，社會安全網破裂，穩定的工作沒了，以前我們用來撫慰自己、讓自己暫時逃離工作壓力、為人生加添意義的休閒活動，現在被我們視為可以增加收入的機會，或者讓我們脫離朝九晚五工作的方式。

HOW TO STAY ALIVE

如何保持活力

① FIND SOMETHING THAT KEEPS YOU SPIRITUALLY ALIVE

找到可以獲得精神滿足的東西

② TURN IT INTO A JOB THAT LITERALLY KEEPS YOU ALIVE

把它變成可以餬口的工作

③ OOPS! GO BACK TO STEP ONE

喔哦！回到步驟①

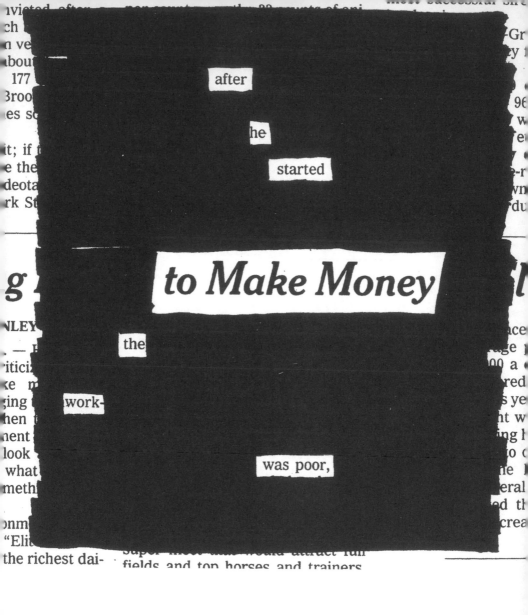

after he started to Make Money the work was poor,

他開始賺錢後，作品就變差了。

我現在真的是運氣好到不行。就某種意義來說，我正在實踐自己的夢想，因為我在做的，原本可能拿不到半毛錢，但結果卻可以獲得報酬。不過當你把自己喜歡做的事情，變成養家掙錢都得靠它時，情況往往就變得很詭異。曾經把興趣轉變為餬口工作的人都知道，這是很危險的。把你對某件事的喜愛轉變為痛惡的最簡單方式就是，把它變成工作：也就是把原本讓你可以獲得精神上滿足的事情，變成讓你維持生計的工作。

你得小心把自己的興趣變成牟利的工作時，可能會對未來人生造成的影響。你可能會發現，有個正職的工作還是比較好一些。

當你開始有個維生的工作時，請要抗拒這個衝動：把自己創作的任何一丁點東西拿來賺錢。

要確保至少有小小一部份的你，是對市場說不，禁止進入。這小小的一部份是你要保留給自己的。

不管在哪個時候，藝術家與自由工作者在經濟上總是捉襟見肘，所以要界定你想要過的生活方式，控制花費，分清楚為了錢會做的事與不會做的事。

另外提醒一下：如果想保有最大的創作自由，請把經常性的費用降到最低。擁有創作自由的生活，不是依據你的收入多少過生活，而是要低於你的收入過生活。

「做你熱愛的事！」勵志演講者都是這麼大喊。但我認為，如果要告訴別人不管怎樣就去做自己喜歡的事，那也必須教大家如何理財。

「做你熱愛的事」＋低花費＝好的生活。

「做你熱愛的事」＋「我值得擁有好東西」＝定時炸彈。

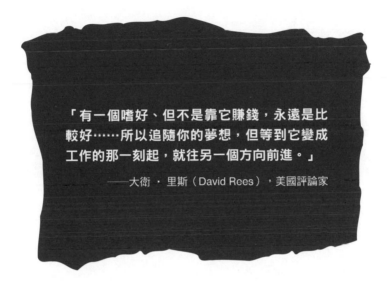

「有一個嗜好、但不是靠它賺錢，永遠是比較好……所以追隨你的夢想，但等到它變成工作的那一刻起，就往另一個方向前進。」

——大衛・里斯（David Rees），美國評論家

「不是每件可以被計算的事都是有重要意義的，
每件有重要意義的事也不是都可以被計算的。」

——威廉 · 布魯斯 · 卡麥隆（William Bruce Cameron），
美國作家

IGNORE THE NUMBERS.

忘掉數字

以錢來衡量,並不是唯一讓你的創作敗壞的方式。把作品數位化,然後放到線上分享,即代表它必須經過網路世界的評量,包括網頁瀏覽次數、按讚數、我的最愛、分享、轉分享、回推數、追蹤數等等。

網路上的意見跟錢一樣很容易讓我們迷失,然後會誘惑我們用那些網路意見來決定接下來要做什麼,卻沒有想過這些意見是多麼膚淺。亞馬遜網路的銷售排名並不會告訴你,某人把你的書讀了兩遍,非常喜歡,甚至還分享給朋友。IG 上的按讚數不會告訴你,你拍的照片讓某人一直看了一個月。瀏覽次數也無法比得上一個活生生的人出現在你的現場表演、還跳起舞來。

TO DO:

要做的事：

☐ **LEAVE MONEY ON THE TABLE**

不求最好，但求最合適

☐ **FORGET TO TAKE THINGS TO THE NEXT LEVEL**

忘了下一個階段要做的

☐ **LET THE LOW-HANGING FRUIT FALL OFF AND ROT**

讓長在低處的水果自然掉落、腐爛

網路點擊的意義到底是什麼？點擊在短期間所代表的意義，指的是網路上的每件事現在都是一種誘餌，希望能增加點擊率，使短期的注意力極大化，迅速爆紅。

我很久之前便注意到，我喜歡做的東西和分享的事，與網路上的按讚數、分享數、回推數關聯不大。我常常會貼某個我喜歡做的東西，而那個東西是我會一直想和其他人分享的。我也會貼某個有點遜的東西，是我完全沒費力做的，卻被瘋狂轉傳。如果我讓這些網友的喜好與意見主導個人的創作，我覺得自己的心臟可能沒法承受太久。

如果你在網路上分享作品，試試偶爾忽略那些數字，多花些時間增加分享與接收回饋。試著貼某個東西，然後一個禮拜都不要去看有什麼回應。不要去看部落格的分析，只要把任何自己想寫的寫下來即可。下載瀏覽器外掛程式，讓數字消失在社群媒體上。

當你可以稍微忽視關於數字的計算時，就可以回到對「品質」的評估。它不錯嗎？真的不錯嗎？你喜歡嗎？這樣一來，你也能夠比較專注在作品無法被計算的部分，也就是與你的靈魂有關的部分。

「沒有藝術家是只為結果而創作；他也必
須『喜歡』作品最後完成的過程。」

──羅伯特・法拉爾・卡彭
（Robert Farrar Capon），美國作家

「不要因為想要賺錢而去創作——這樣你永遠都不會賺到夠多的錢。也不要因為想要出名而創作——因為你永遠都不會覺得自己夠有名。為他人製作禮物,而且要很用心去做這些禮物,心懷期盼這些人會注意到,並且喜歡這些禮物。」

——約翰・葛林(John Green),美國小說家

WHERE THERE IS NO GIFT, THERE IS NO ART.

沒有禮物，就沒有藝術。

你知道成功的意思是指什麼，或至少你對成功有自己的定義。（我的定義是：當我的人生就是我所期盼的。）

另一方面，「不光彩的成功」（suckcess）是指從他人眼裡來看的「成功」，或者說是：不應得到的成功、某個東西你覺得很噁爛卻大為成功、當成功了或正在追求成功之時就開始崩壞了。

「不光彩的成功」是詩人尚・考克多（Jean Cocteau）用來指稱的那種「比失敗還差的成功」。

《禮物》的作者路易士・海德（Lewis Hyde）曾說，藝術同時存在於禮物與市場經濟中，但是「沒有禮物，就沒有藝術」。當藝術被市場考量主導時（例如怎樣才會有人按讚、怎樣才有人買），它很快就會失去自身之所以成為藝術的禮物元素。

我們都曾經歷過對自己作品「失望」與「迷戀」的循環過程。當感覺自己好像已經喪失、或正在喪失自己的天賦時，最快恢復的方式就是走出商業市場，然後「做禮物」。

為某個特別的人，特別做個東西，沒有什麼比這樣做更純粹了。我的兒子歐文 5 歲時，他非常喜歡機器人，所以每次當我開始厭惡自己還有自己做出來的東西時，我就會花個半小時，用膠帶和雜誌紙做個機器人。每當我把做好的機器人給我兒子，他會立刻轉身也為我做個機器人。我們就這樣互相

交換自己做的機器人好一陣子，一直到（就像其他孩子一樣）他不再那麼喜歡機器人，改為對其他東西著迷為止。那些機器人有的到現在都還是我最喜歡的作品。

試試這樣做：如果很沮喪、覺得厭惡自己的作品時，選一個在你生命中很特別的人，為那個人做個東西。如果你有很多粉絲，那就為他們做個特別的東西，然後送出去。或者以下這麼做更好：挪出時間，自願教別人怎麼做出你在創作的東西，就做你在做的東西。看這樣是否可以帶領你到達另一個較好的境地。

WHO ARE YOU TRYING TO IMPRESS?

你想讓誰感動？

IF YOU GET LUCKY ONE DAY AND A BIG AUDIENCE SHOWS UP FOR WHAT YOU DO, CHANCES ARE THERE WILL BE ONLY A HANDFUL OF PEOPLE WHOSE OPINION MEANS ANYTHING TO YOU, SO YOU MIGHT AS WELL IDENTIFY THOSE PEOPLE <u>NOW</u>, MAKE GIFTS FOR THEM, AND <u>KEEP</u> MAKING GIFTS FOR THEM...

如果有一天你非常幸運，突然有了一大群粉絲，喜歡你的創作，不過很可能這其中只有少數人的意見對你有幫助，所以或許你可以試著辨識出這些少數的人是誰，然後做禮物給他們，而且要一直為他們做禮物⋯⋯

誰知道為某個人特別做的禮物，日後會不會變成了送給全世界的大禮。想想看有多少暢銷書的誕生，都是從替某個孩子講床邊故事開始的。例如，艾倫 · 亞歷山大 · 米恩（A.A. Milne）為了他的兒子編出《小熊維尼》的故事。阿斯特麗德 · 林格倫（Astrid Lindgren）是因為她臥病在床的女兒要求她講個故事，裡面的主角是個名叫「長襪皮皮」的小女孩，才有了《長襪皮皮》問世。魯益師（C.S. Lewis）則是說服了托爾金（J.R.R. Tolkien），把他跟孩子們講的幻想故事寫出來，才有了《哈比人》的故事。我還可以列舉出很多很多的例子。

做禮物促使我們與自己的天賦有接觸。

「我最在意的就是接觸到人。」

——波赫士（Jorge Luis Borges），
阿根廷作家

$$\frac{\text{⑤ THE ORD} + \text{EXTRA}}{\text{THE EXTRA}}$$

INARY
ATTENTION

ORDINARY

平凡＋格外用心
等於：非凡

YOU HAVE EVERYTHING YOU NEED.

你有一切自己需要的

「直到今天，這仍是顛撲不破的真理：尋求美的人必會尋見。」

——比爾·康寧漢（Bill Cunningham），
美國《紐約時報》攝影師

有位修女是我在藝術創作上的偶像。

1960 年代，瑪麗‧柯麗塔‧肯特（Mary Corita Kent）在洛杉磯的聖心學院（Immaculate Heart College）擔任美術老師。有一次她去看了安迪‧沃荷（Andy Warhol）的作品展，受到了啟發，開始創作版畫。她把洛杉磯市內的各種廣告與招牌標誌拍下來，（這些都是我們平時覺得是垃圾、雜亂與不堪入目的東西），去掉背景，在上面加上手寫字，內容有些是流行歌曲的歌詞，有些是聖經經文，然後做成版畫，當做是福音訊息。她曾把麵包廠牌 Wonder Bread 袋子上的字變成一句關於領聖餐的訊息，把 General Mills（通用磨坊）廣告詞「大寫的 G 代表優良品質」裡的 G 拿來用，弄得像是指稱上帝。她還把連鎖超市 SAFEWAY 的標準字拆成兩個字（SAFE WAY），成為意指「救贖之路」的標語。在萬事中尋求上帝是所有信徒的任務，而瑪麗‧柯麗塔‧肯特是在廣告中、在萬事萬物中，尋求上帝。她選擇了洛杉磯這個人為的環境（應該不會是你我尋找美的首選之地），並且在其中發現美。

瑪麗・柯麗塔・肯特說，她所做的是把普通的事物變成「不普通」。（她認為「不普通」這個詞比「藝術」一詞好。）她說：「我不認為我做的是藝術，我只是把我喜歡的東西變大。」她觀看這個平凡世界的方式很特別，而且把這種方式傳授給學生。她曾經出過一個作業，要學生做一個「觀景器」——這是拿一張紙，在中間裁切出一個長方形的洞，當做類似相機的觀景窗。然後她帶學生去戶外，教他們如何把看到的景象裁切，如何「為了觀看而觀看」，去發現平常他們完全不會注意到的各種事物。

偉大的藝術家都能夠在俗世中發現神奇之處。大多數我喜歡的藝術家都是從平凡的環境中，用普通的材料創作出非凡的作品。美國地下漫畫家哈維・佩卡（Harvey Pekar）平時主要的工作是在克里夫蘭的退伍軍人醫院擔任檔案管理員，他收集醫院的故事，然後速寫出人物的腳本，最後完成他的傑作《美國輝煌》（American Splendor）。艾蜜莉・狄金生（Emily Dickinson）是待在自己的房間，在不要的信封紙頭背面上寫詩。達達主義藝術家漢娜・霍克（Hannah Höch）是把她平日縫紉工作的圖樣結合到她的拼貼作品中。莎莉・

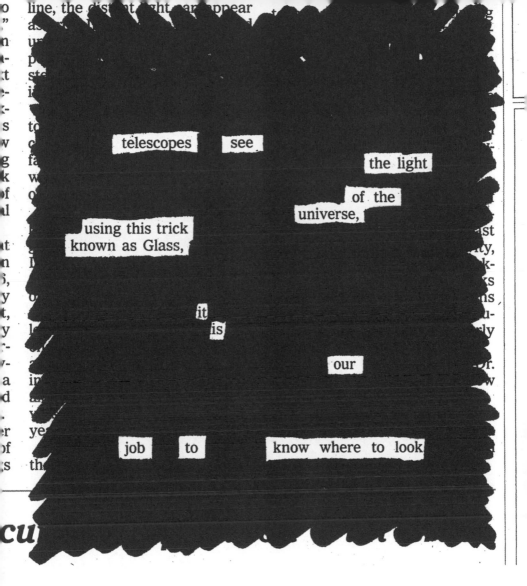

telescopes see the light of the universe, using this trick known as Glass, it is our job to know where to look

利用我們所謂的鏡片,從望遠鏡可以看到宇宙的光,
而我們的責任是要知道去哪裡看。

曼恩（Sally Mann）則是拍她 3 個小孩在維吉尼亞農場玩耍的照片。（她的朋友，畫家塞 · 湯伯利 [Cy Twombly]，曾坐在沃爾瑪的大賣場，藉由觀看外面的人來尋找靈感。）

我們很容易就以為，只要把平凡的生活換個全新的樣貌，所有創作上的問題就會迎刃而解；或者只要把朝九晚五的工作辭了，搬到一個光鮮亮麗的都市，租個完美的工作室，絕對會得到同溫層的支持，然後就會成功！

這些當然都是一廂情願的想法。你不需要有一個不凡的生活，也能創作出不凡的作品。你要創作出非凡作品所需的一切，都可以在日常生活中找到。

雷內 · 馬格利特（René Maritte）說，他創作的目標是「把新的生命力帶入我們觀看週遭平凡事物的方式。」而以下是一個藝術家真正要做的:要格外用心觀察世界上的平凡事物，它們會反過頭來教我們更注意觀察我們自己的世界。把日常生活轉化為創作的第一個步驟就是:開始更留心觀察。

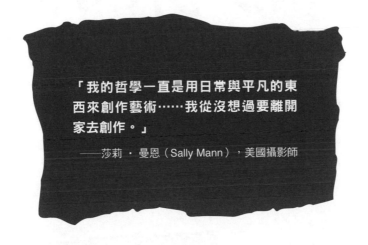

「我的哲學一直是用日常與平凡的東西來創作藝術……我從沒想過要離開家去創作。」

——莎莉·曼恩（Sally Mann），美國攝影師

SLOW DOWN AND DRAW THINGS OUT.

慢下來，然後畫出來。

「慢下來，不是指腳步或言語，而是指神經。」
——約翰・史坦貝克（John Steinbeck），美國作家

如果你還是以像閃電般的速度衝來衝去，那就很難好好用心觀察自己的日常生活。當你要做的是去觀看別人沒看到的事物，那就必須慢下來，而且是慢到能夠真正地「觀看」。

在一個熱愛講求速度的時代，慢下來需要經過特別訓練。藝評家彼得・克洛西爾（Peter Clothier）體驗過靜坐之後，便深切領悟到自己花在「真正觀看」藝術上的時間是如此之少：「我常常發現，自己其實花比較多時間在看美術館裡的作品說明，而不是在我應該好好觀看的畫作上！」他受到慢食與慢煮運動的啟發，開始在美術館與藝廊主辦「一小時／一幅畫」的講習會，邀請參與者花完整的一個小時看一件作品。「慢看」的觀念開始盛行起來，現在美國各地有好幾個美術館都會舉辦「慢看」的活動，其核心理念在慢速藝術日（Slow Art Day）的網頁上總結如下：「當我們慢慢地觀看……就會有所發現。」

慢慢觀看當然很棒，不過我還是喜歡用雙手做些什麼，畫畫於是成了我最喜愛的方式，因為畫畫會強迫我慢下來，好好觀看生活週遭。人類畫畫已經有幾千年的歷史，自古以來，人人用便宜的工具就可以畫圖。你不必是藝術家也可以畫畫，只要有一隻或兩隻眼睛。

「畫畫完全是觀看的另一種方式，但我們成年後就不這麼做了，」漫畫家克里斯 · 韋爾（Chris Ware）說。他還指出，我們「滿懷著焦慮與執著」地東忙西忙，畫畫這個動作其實可以讓我們活在當下的片刻，把注意力放在自己眼前的事物。

由於畫畫確實是一種觀看的練習，即使你很討厭畫畫，仍然可以從中獲益匪淺。影評人羅傑 · 伊伯特（Roger Ebert）在一篇部落格貼文提到，他晚年時之所以選擇速寫做為嗜好，是因為「藉由坐在一個地方、速寫某個事物，我就得好好觀看。」他說畫畫是自己「更深入體驗一個地方或某個時刻的方式」。

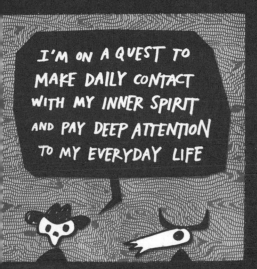

我現在努力每天與自己內在的靈魂接觸，
更留心自己的日常生活。

真是發人深省。

那你用的筆跟筆記本是哪個牌子？

LOOK UP.

往上看

畫畫不僅讓人可以更仔細觀看，也讓人感覺更好。「一個正在速寫的藝術家，總是看起來很快樂，」伊伯特觀察道。童書作家暨插畫家莫里斯・桑達克（Maurice Sendak）則說：「真是神奇的時刻，所有你性格中的缺點、人格裡的瑕疵，不論什麼讓你痛苦的，在這時候都消失了，都不重要了。」

現在手機的拍照功能雖然非常適合我們外出時捕捉事物的影像，但畫畫依然可以提供我們某些特別的東西。在 1960 年代，法國攝影家亨利・卡蒂爾・布列松（Henri Cartier-Bresson）最為著稱於世的，便是以相機軟片在他所謂的「決定性瞬間」，捕捉生活的景象，但後來他又回到自己畢生的最愛：畫畫。他在《心靈之眼》一書中解釋了自己這兩項最愛的差異：「攝影是即時的反應，畫畫是一種靜坐冥想。」2018 年大英博物館開始提供鉛筆與紙張給參觀者，因為館方注意到越來越多人對藝術品速寫感到興趣。博物館的一位策展者就說，「如果你面前有鉛筆跟紙，我覺得你停留在一件作品前面的時間會比較久。」

要慢下來，用心觀看自己的週遭，不妨拿一枝筆跟一張紙，把看到的畫下來。（鉛筆最大的特點就是它不會出現簡訊或提示聲來打斷你。）你會發現畫畫可以幫助自己發現曾經錯過的美。

德國漫畫家埃・奧・卜勞恩（E.O. Plauen）說：「當你畫畫時，世界會變得比較美麗，而且是非常非常美麗。」

> 「畫畫是讓我能夠一直重新發現這個世界的一種方法。我學到了那些以前沒有畫過跟沒有真正觀看過的事物，還有，當我開始畫一個平凡的事物，才發現它是多麼地特別，根本是令人讚嘆不已。」
> ——弗雷德里克・弗朗克（Frederick Frank），藝術家

PAY ATTENTION TO WHAT YOU PAY ATTENTION TO.

留意你在關注什麼

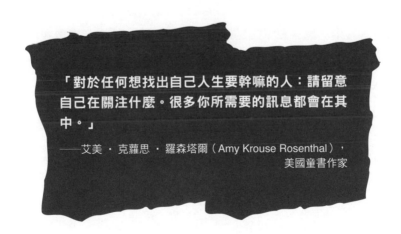

「對於任何想找出自己人生要幹嘛的人：請留意自己在關注什麼。很多你所需要的訊息都會在其中。」

——艾美‧克蘿思‧羅森塔爾（Amy Krouse Rosenthal），
美國童書作家

你的注意力是你擁有的一項最珍貴的資產，每個人都想從你身上偷走。所以，首先你要保護它，然後你得將它引導到正確的方向。

就像他們在電影裡說的：「注意你指著那東西的哪裡！」

你選擇去關注的事物就是組成你人生與作品的內容。「我的經驗就是由我想去關注的內容所組成，」心理學家威廉．詹姆斯（William James）在 1890 年寫道。「唯有那些我注意到的，形塑了我的心智。」

我們會去注意我們真正在乎的事情，但有時候我們真正在乎的卻是被隱藏起來。我一直維持每天寫日記的習慣，原因很多，其中一個主要原因是寫日記可以幫助我把注意力放在自己的生活上。每天早上坐下來，寫下生活點滴，讓我自然會去留心自己的生活，時間一久，我等於記錄了自己一直以來在關切的是什麼。很多寫日記的人不會去重讀自己的日記，但我發現重看會加倍日記的力量，因為我能夠發現自己的行為模式，辨認出自己真正在乎的是什麼，還有一點：那就是更認識自己。

如果創作是始於我們把注意力引導至何方，那麼人生就是由注意自己在關切什麼所組成。設定一段固定的時間，注意自己都在關切什麼。重讀自己寫的日記。翻翻自己的速寫本。（加拿大漫畫家凱特 · 比頓〔Kate Beaton〕曾說，如果她要寫一本有關畫畫的書，她會把書名取為《留意你的畫》。）

「去留心觀察，這是我們永無止盡與最適合的工作。」

——瑪麗 · 奧利弗（Mary Oliver），美國詩人

A Person

This was not lost on

is

who

I

want to

be

一個人，
沒有迷失，
這就是我想成為的人。

把你的相機底片拉開來，重新看看拍了多少。聽聽自己曾經錄下的音樂。（美國音樂家亞瑟·羅素〔Arthur Russell〕曾經戴著隨身聽，在紐約曼哈頓一直走，聽自己的卡帶。）當有系統地回顧自己的創作時，就能夠比較清楚看出自己曾經達到的階段，還有接下來該怎麼做。

如果你想要改變自己的人生，請改變你所關注的。「我們藉由關注而賦予事物意義，」作家傑莎·克里斯賓（Jessa Crispin）寫道，「所以把你的注意力從某個事物轉移到另一個事物，絕對可以改變自己的未來。」

「注意力是愛的最基本形式，」約翰·塔朗特（John Tarrant）寫道。當把注意力放到自己的生活上，這樣不僅能提供創作的素材，還可以幫助你愛上自己的生活。

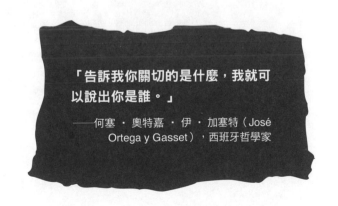

「告訴我你關切的是什麼，我就可以說出你是誰。」

——何塞·奧特嘉·伊·加塞特（José Ortega y Gasset），西班牙哲學家

⑥ SLAY
ART MO

THE
NSTERS.

殺了藝術怪物

ART IS FOR LIFE
(NOT THE OTHER WAY AROUND).

藝術是為了人生
（而不是反過來）

> 「不論藝術史是多麼輝煌，藝術
> 家的故事完全是另一回事。」
>
> ——本‧沙恩（Ben Shahn），
> 美國藝術家

關於創作，若要我提名有史以來人們說過最瞎的句子，那莫過於《六十分鐘》的時事評論員安迪・魯尼（Andy Rooney），在超脫樂團（Nirvana）主唱科特・柯本（Kurt Cobain）自殺後說：「沒有任何人創作的作品會比創作者本人更好。」

稍微了解一小部分藝術史就會發現，並不是這樣，事實上，很多偉大的藝術都是由蠢蛋、卑鄙小人、混帳、怪人、吸血鬼，以及更糟的人所創造出來的，而且他們還留了一堆受害者在後面。借用美國小說家珍妮・奧菲爾（Jenny Offill）在小說《猜測部門》的用語，這些人是我們所謂的「藝術怪物」。

我們會覺得很難、很痛苦去理解這個概念：那些我們發現在其私人領域中應該受到譴責的人，可能也是能夠創作出美麗、令人動容、或者對我們有益的作品。我們要如何面對和處理這樣的訊息，還有我們要如何選擇往前，都是我們要努力的。

然後，在我們心裡面，都存在著我們自己的小小藝術怪物。

我們每個人都很複雜，都有人格上的缺陷，某種程度上還有點卑鄙。如果我們不相信自己在藝術中能夠比在原本生活中變得好一些，那麼，說真的，藝術的意義是什麼？

現在令人振奮的是，我認為，我們的文化開始嚴正檢視所謂的藝術怪物。原本可怕的迷思是，騙子、不負責任的父親或母親、虐待者、成癮者等，是成就偉大藝術的必要條件，或因為藝術成就而被原諒，但現在這個迷思已慢慢崩解。任何人若因為創作偉大的藝術而可以像在大富翁遊戲中被發「離開監獄」卡、為自己的可惡行徑洗脫罪名，那我認為這種時代已經過去了。而且終於可以擺脫他們了。藝術怪物不是無可避免的，也沒有吸引力，而且他們不應該被姑息、原諒，或者仿效。

偉大的藝術家幫助我們用新鮮的眼光與可能性來觀看我們的生活。「一位嚴肅作家存在的目的，是要讓人們不要絕望，要有信心，」作家莎拉曼・古索（Sarah Manguso）寫道。「如果有人讀了你的作品，而選擇活下去，那麼你就盡到你的責任了。」

POSSIBILITIES

可能性

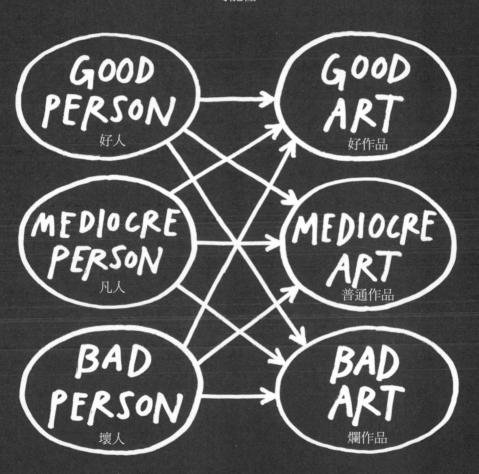

藝術就應該是要讓我們人生過得更好才是，這道理很簡單。

而且藝術創作是為了藝術本身，這是顛簸不破的真理。如果創作藝術是去毀了別人的人生，包括你自己，那一點也不值得去做什麼創作。

心理學家亞當‧菲利普斯（Adam Phillips）曾說，「陷在痛苦中的人都會忍不住相信，成為一個藝術家可以拯救自己，但事實上，這可能只會出現更多的問題。」他還說，「有非常多人甚至可以被視為是藝術迷思的受害者。他們真的應該去做別的事。」

你或許注定無法成為一個藝術家。「你或許注定是要教小孩數學，或者為食物銀行籌措資金，或是開一家公司，為小寶寶製作魔術方塊，」喜劇演員麥克‧柏比葛利亞（Mike Birbiglia）寫道。「不要排除放棄的可能性。因為前頭還有超級無敵多的工作等著，你的時間或許應該花在更好的地方。」

如果你創作的作品只會為這個世界帶來災害，請轉身離開，
做別的事。找到別的值得你花時間去做的事，也就是讓你跟
周圍的人能夠過得更好的事。

這個世界並不需要更多的偉大藝術家，但需要更多正派的
人。

藝術是為了人生，不要本末倒置。

「我做的藝術品是可以幫助老太太過
街。」

——克萊斯 · 歐登柏格（Claes Oldenburg），
美國藝術家

⑦ YOU ARE TO CHA YOUR

ALLOWED
NGE
MIND.

你大可以改變想法

「最高級的智力測驗是在測試這種能力：在心智中同時掌握兩種完全相反的概念、卻又可以同時維持運作。比方說，一個人看到絕望的事情，卻又能下定決心讓事情不是這個樣子。」

——法蘭西斯・史考特・費茲傑羅（Francis Scott Fitzgerald），美國作家

TO CHANGE IS TO BE ALIVE.

改變才能存活

我最近在讀一篇報紙上關於氣候變遷的文章,看到一位懷疑論者說:「如果你從來都沒有對什麼事情改變想法,快捏自己一下,因為你可能已經死了。」

上一次你對某件事情改變想法是什麼時候?我們害怕改變心意是因為我們害怕改變心意帶來的後果。例如,別人會怎麼想?

在美國，你被認為應該要有自己的想法，而且要堅守著，並傾一生之力加以捍衛。以政治為例，如果一個政治人物的說法公開轉彎，會讓人覺得此人很遜，代表他被打敗了。所以最好不要太常改變想法，拜託，不然會被認為是意志不堅。

社群媒體已經把每個人都變成了搞政治的人了。還有品牌，現在每個人都被認為是一個品牌，而且在這世界上最糟糕的事就是沒有品牌可言。

但是要建立個人品牌，得百分之百確信知道自己是誰，還有在做什麼，不過在創作與人生中，顯然「確定性」不僅完全被過度高估，而且也是發現新事物的一項阻礙。

「我正在探索著。我不知道以後他們會
怎樣看待我。」

——馬歇爾 · 麥克魯漢（Marshall McLuhan），
加拿大哲學家

不確定性是創作得以成長茁壯的關鍵。美國小說家唐納德．巴塞爾姆（Donald Barthelme）說，創作者的本質是一種「無知」。作曲家約翰．凱吉（John Cage）也說，當他沒在創作的時候，他覺得自己是知道一些，但當他開始創作時，很明顯他就什麼都不知道。編劇家查理．考夫曼（Charlie Kaufman）則是表示，「我的工作一直是這樣：坐在桌子前面，不知道要幹嘛」。

每項創作開始之初，我們其實完全不知道自己要往哪裡去，或最後會到哪裡。「藝術是希望的最高形式，」畫家葛哈．李希特（Gerhard Richter）說。但是，希望並不是指知道事情將會變得如何，而是指即使面對著不確定性，依然往前行。希望是「應對」不確定性的一種方式。「希望是同時包含了未知與不可知的部分，」作家麗貝卡．索尼特（Rebecca Solnit）寫道。要擁有希望，你必須認知到，自己什麼都不知道，也不知道發生了什麼。對任何的可能性抱持開放的態度，而且允許自己可以改變沒關係，這是保持創意源源不絕與持續創作的唯一方式。

I

thought

I was wrong about

every

thing

I was wrong about that, too.

我以為我全搞錯了，
而這點我其實也錯了。

THE DUNNING-KRUGER PRAYER

達克祈禱文

LET ME BE SMART ENOUGH TO KNOW HOW DUMB I AM AND GIVE ME THE COURAGE TO CARRY ON ANYWAY

請讓我變得夠聰明，能夠明白自己有多蠢，並賜給我勇氣，
繼續努力下去。

* THE DUNNING-KRUGER EFFECT IS A PSYCHOLOGICAL PHENOMENON SUMMARIZED BY
COMEDIAN JOHN CLEESE: "STUPID PEOPLE HAVE NO IDEA HOW STUPID THEY ARE."

*達克效應（Dunning-Kruger effect）是指一種認知偏差，以喜劇演員約翰
克里斯（John Cleese）的話來說就是：「笨人不知道自己有多笨。」

當然要改變想法就得好好真正地思考。思考是需要有一個環境，讓你可以在那裡嘗試各種想法，而不會被批判。要改變自己的想法，你需要有一個好地方，讓你就算只想出一些爛點子也無所謂。

網路很不幸地已不再是個安全的地方，無法讓人可以做任何實驗性的思考，特別是對於已經有粉絲，或有任何形式「品牌」的人而言。（「品牌」真是一個嚇人的字眼！彷彿我們跟牲畜一樣，身上都被烙印了自己的標記。）

不，如果你準備改變想法，或許應該先「去」品牌，而線下是一個可以「去」品牌的地方。你的福佑小站、工作室、日記、個人聊天室、甚至一個客廳裡面充滿了自己心愛與信任的人，都是可以讓人好好去思索的場所。

LIKE-MINDED VS. LIKE-HEARTED

意見一致 vs. 心性相投

「這個世界需要你在派對上開始跟人交談時就說：『我不知道欸，』然後表現得很和善。」

——查理 · 考夫曼（Charlie Kaufman），
美國編劇家

I WILL NOT ARGUE WITH STRANGERS ON THE INTERNET.
I WILL NOT ARGUE WITH STRANGERS ON THE INTERNET.
I WILL NOT ARGUE WITH STRANGERS ON THE INTERNET.
I WILL NOT ARGUE WITH STRANGERS ON THE INTERNET.
I WILL NOT ARGUE WITH STRANGERS ON THE INTERNET.
I WILL NOT ARGUE WITH STRANGERS ON THE INTERNET.
I WILL NOT ARGUE WITH STRANGERS ON THE INTERNET.
I WILL NOT ARGUE WITH STRANGERS ON THE INTERNET.
I WILL NOT ARGUE WITH STRANGERS ON THE INTERNET.
I WILL NOT ARGUE WITH STRANGERS ON THE INTERNET.
I WILL NOT ARGUE WITH STRANGERS ON THE INTERNET.
I WILL NOT ARGUE WITH STRANGERS ON THE INTERNET.
I WILL NOT ARGUE WITH STRANGERS ON THE INTERNET.
I WILL NOT ARGUE WITH STRANGERS ON THE INTERNET.
I WILL NOT ARGUE WITH STRANGERS ON THE INTERNET.
I WILL NOT ARGUE WITH STRANGERS ON THE INTERNET.

我不會在網路上跟陌生人吵架。

「要為自己著想！」這句話已經變成陳腔濫調。不過事實是：我們沒辦法做到。因為我們需要別人幫助我們思考。

「排除他人的獨立思考，是不可能的，」艾倫・雅各布斯（Alan Jacobs）在他的著作《如何思考》這樣指出。「思考是必然、徹底、驚人地社會化的。每件你在想的事，都是在回應某個人曾經思考過的事與說過的話。」

麻煩的是，我們正逐漸形成一種文化，也就是聚集成同溫層與小圈圈的社群。不論是出於選擇或是必須，線下是指我們生活的地方，線上則是指我們瀏覽的網頁、選擇追蹤的人，還有透過極細微的網路演算法，網路向我們顯示，他們認為我們想看的內容。

與跟我們看法不同的人互動，可以迫使我們重新思考自己的想法、強化自己的想法，或者交換來更棒的想法。若總是只和同溫層的人交流，能被改變的機會就會越來越少。大家都知道那種感覺，就是跟喜歡同樣的藝術、聽同樣的音樂、看同樣電影的人在一起是什麼感覺：剛開始很自在，但之後就會變得很無聊，而且超悶的。

雅各布斯建議，如果真的想要思考自己的想法，應該考慮跟心性比較接近的人在一起，而不是跟喜好一樣的人在一起。心性相投的人是指那些「個性上比較開放，會傾聽的人」，也就是慷慨、大方、體貼、有愛心的人。這些人在你訴說某件事時，會「加以思考，而不是馬上就回應」。他們在你身旁時，會讓你感覺很好。

有一次一位讀者私訊我說，雖然他不認同我的政治立場，但他覺得他能夠好好地聽我講我要說的，而不是關掉他不想聽到的部分。他在想，這是不是跟創意的精神有關，就是你感覺到自己跟另一個認識的人是有一種連結存在，而這人正盡全力想要為這世界創造出嶄新美好的事物。

試試竭盡全力去尋找心性相投、你覺得與自己有這種連結的人。

VISIT THE PAST.

造訪過去

大多數活著的人都對現在發生的事很有興趣，結果幾乎大家想的都是同樣的事。如果你覺得很難找到可以一起思考的人，不妨去找古人試試。他們可是有很多話要說，而且他們都是絕佳的聆聽者。

請讀讀經典的著作。人類已經存在很長一段時間，而且幾乎每個你碰到的問題，可能在你之前的幾百年（如果不是幾千

年）有某個古人已經寫過。古羅馬時代的政治家暨哲學家塞內卡（Seneca）說過，如果你讀了古代的書，等於是把那些古代作者活過的年歲都加到自己的年紀上了。「我們無法參與過去的年代，但我們有管道可以接觸到他們，」他說。「為何不背離這個短暫客居的人世，全心全意投身過去的時代？過去是無止無盡、永恆不朽的，還可以跟比我們更好的人分享。」（他是在兩千年前寫這出些的！）

「每個時代都有它自己的觀點，特別是善於發現某種真理，還有容易犯下某些錯誤。因此我們需要書籍來修正自己這個時代特有的錯誤。而所謂的書籍，就是指古代的著作……誠然，未來的書跟古代的書都有助於修正錯誤，只是很可惜，我們還無法讀到那些未來的書。」

——魯益師（C.S. Lewis），英國作家

人類生活改變的幅度之小，是令人很詫異的。我讀了老子的《道德經》後，非常驚訝發現，裡頭的每個句子基本上都是對當代政治家一針見血的評論。看了梭羅的日記，我們可以描繪出一個喜愛植物的人的模樣，這人學富五車、失業、對政治反感、跟父母同住，他簡直就像我千禧世代的朋友！

我們的記憶是如此短暫，所以也不必回到太過古早的時候，去找尋我們已經遺忘的事情。打開一本 25 年前的書，就已經像打開埋藏已久的藏寶箱了。

如果你想要找一種方式迅速逃離現代生活的喧囂，不妨離開自己的同溫層，花點時間看看一些經典作品，好好思考。那是取之不盡的：因為每一天，我們都在一直往上加。

IF YOU CAN'T COME UP WITH YOUR OWN IDEA:

如果無法有自己的想法時：

① IDENTIFY A POPULAR IDEA THAT YOU DESPISE AND WOULD LIKE TO DESTROY.

去找一個你所鄙夷、想要摧毀的大眾想法。

② FIND AN OLD OPPOSITE IDEA THAT EVERYONE'S FORGOTTEN AND RESURRECT IT.

去找一個已經被遺忘、反面的舊有想法，然後讓它復活。

⑧ WHEN TIDY

IN DOUBT, UP.

卡住的時候，就來整理。

KEEP YOUR TOOLS TIDY AND YOUR MATERIALS MESSY.

把用具放整齊，把素材隨便放

「桌子、地上一團亂；黃色便利貼到處都是；
白板上畫得亂七八糟：這些都是在對外宣告，
人類思想的混亂。」

——愛倫‧烏爾曼（Ellen Ullman），美國作家

對於一個囤積狂來說，這幾年還真是日子難過。到處都在宣傳要斷捨離，電視節目更是助長了這股狂熱的整理收納潮，還有無數的部落格都在盲目推崇井然有序的住家環境與條理分明的完美工作空間，接下來就是近藤麻理惠的《怦然心動的人生整理魔法》一書大暢銷，讓這股狂熱達到最高點。雖然近藤麻理惠的整理訣竅可以讓你在放襪子的抽屜或廚房置物櫃創造奇蹟，但我還是很懷疑這對創作者來說是否有用。

我的工作室跟我的心智一樣，總是有點兒亂。書本與報紙堆得到處都是；圖片被撕下來，然後釘在牆上；剪下來的碎紙被扔得滿地板。但是我的工作室亂七八糟並不令人意外。因為我「愛」我的混亂。我是故意培養這種混亂的。

創意與連結有關，而所有的東西都擺放得好好的是無法創造出連結。新的點子是透過有趣的「並置」才能形成，有趣的「並置」則是在東西「沒有歸位」時才會出垷。

你可能會想，如果自己的工作室整潔有序，應該會比較有效率，能創作出更多的作品。或許這在你處於執行階段有用，例如，假設你是版畫家，正在把畫從版上剝下來，但是當你在構想下一幅版畫的圖形時，可能就沒什麼幫助。把生產力等同於創造力永遠都是一個錯誤。兩者是不一樣的。事實上，這兩者往往是大相逕庭。常常你最沒生產力的時候，就是你創意大爆發的時候。

當然堆滿雜物也不太好。例如當你需要什麼東西卻一直找不到，就很難工作。法國大廚都會練習一種叫做 mise en place 的工作態度，意思是東西要「各就各位」。這跟規劃與準備有關：確認所有會用到的食材和用具，並在開始烹飪前都準備好。「『各就各位』是所有技藝高超的廚師奉為規臬的，」安東尼 · 波登（Anthony Bourdain）在《安東尼 · 波登之廚房機密檔案》書裡是這麼寫道：「你的料理檯和它的狀況（是否準備就緒），是你神經系統的延伸。」

SURROUND YOURSELF WITH
THE MESS OF WHAT YOU LOVE

在你的周圍都是自己喜歡的雜物

這裡我們可以向大廚偷學的關鍵字就是：「準備就緒」。我們大多數人不必去擔心飢腸轆轆的餐廳客人或衛生檢查員。而且我們不必非得把自己的空間弄得多麼一塵不染、整齊清潔。我們只需要在要工作時，保持「準備就緒」即可。美國漫畫家凱文・胡贊加（Kevin Huizenga）說過，讓你的工作室井然有序不是說要讓它「看起來」條理分明。「如果在地板上到處都是的紙可以讓現在當下的工作更上手，因為你隨時都用得到，那它們就應該被放在那裡。」

工作處的混亂與整齊需要達到一種平衡。我朋友約翰・安格（John T. Unger）有一個很不錯的法則可以參考：把用具放整齊，把素材隨便放。「把你的用具放得很整齊，這樣就容易找得到，」他說。「素材則是要讓它們在一團亂中『異花授粉』。某些藝術作品我是在完全偶然的狀況下完成，就是把一些東西堆在一塊，然後這件作品就差不多幾乎完成了。但如果沒法一下伸手就拿到自己需要的用具，你可能會耗掉一整天（或耗掉你的熱情與靈感）在到處找。」

TIDYING IS EXPLORING.

整理就是探索。

「我從來都沒法找到自己想要的，但好處是，我總是會找到別的東西。」

──歐文 ‧ 威爾許（Irvine Welsh），
《猜火車》作者

音樂人布萊恩 • 伊諾（Brain Eno）與彼得 • 施密特（Peter Schmidt）的「迂迴策略」中有一條，我把它做成大大的標語，一直放在桌子前：

卡住的時候，就來整理。

請注意，這一條是說在「卡住的時候」，而不是說隨時。我是在遇到瓶頸或卡住時才打掃整理。整理工作室並不會有什麼魔法或讓人怦然心動（抱歉了，近藤麻理惠）。它只是一種「有生產力的拖延」而已（做別的事來逃避做正事）。

但整理最棒的就是可以讓我的手忙個不停，心就會放鬆下來，這樣我就可以：A）突然豁然開朗，或解決腦袋中的某個問題，或者 B）在一堆雜物中突然發現某個東西，進而創作出新的作品。例如，我開始打掃整理後，在一堆紙張中發現了一首沒寫完的詩，或者發現了一張沒畫完的圖，而它之前是被冷氣的風吹到垃圾堆去了。

POTENTIAL REACTIONS

可能的反應

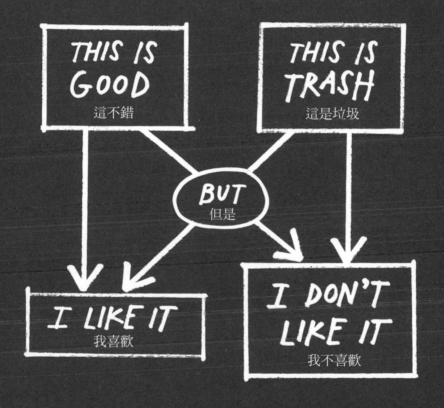

THIS IS GOOD
這不錯

THIS IS TRASH
這是垃圾

BUT
但是

I LIKE IT
我喜歡

I DON'T LIKE IT
我不喜歡

最高段的工作室整理是一種探索。在整理雜物時，我重新發現了一些事物。我整理的原因並不是真的要清理，而是要跟我已經遺忘、但現在可以用到的某個東西接觸。

這是一種緩慢、像在夢境中、反覆思考的整理。舉例來說，一本遺失很久的書突然出現在面前，我隨手翻到某一頁，看看上面有沒有什麼是要告訴我的。有時候則是從書裡掉出小紙片，彷彿就像是從宇宙傳來的神秘訊息。

我常常打掃到一半就停下來，因為就開始讀了起來。這與近藤麻理惠所建議的完全相反。她說當你在整理書本的時候，「千萬不要就讀了起來。閱讀會讓你無法清楚地做判斷。」但願不會這樣！

若期望整理到很完美的地步，會讓整理變得太有壓力。不要太擔心結果變怎樣，整理才會有紓壓療癒的效果，就跟玩耍一樣。

卡住的時候，就來整理。

SLEEP TIDIES UP THE BRAIN.

睡覺可以整理思緒

「睡覺對我的思考過程很重要。不是指做夢，而是連接到睡覺的那個狀態，心智還清醒的狀態。」

——威廉・吉布森（William Gibson），
美裔加拿大小說家

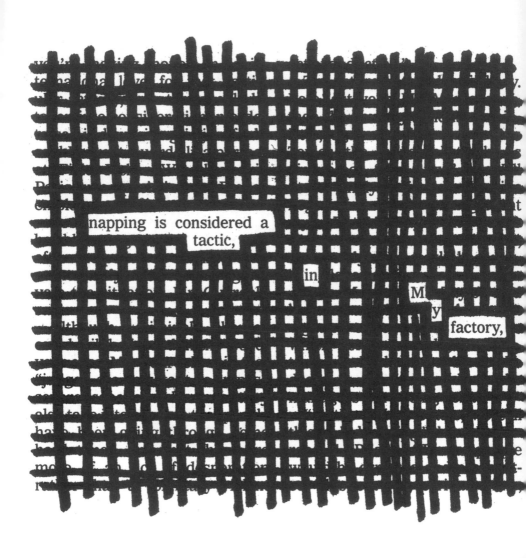

napping is considered a tactic,

in

My factory,

在我創作的地方，
打盹是被視為一種策略。

科學家與哲學家一直都想瞭解睡眠是怎麼一回事，他們漸漸才瞭解到創作者很久以來一直都知道的事：睡眠是整理思緒的絕佳方式。當我們睡覺時，身體會確實地清除掉腦中的雜物。神經科學家解釋，這是因為我們在睡覺時，腦中的腦脊髓液會開始更快速地流動，清理堆積在腦細胞裡的有毒物質與有害的蛋白質。

小睡片刻是許多創作者的祕密武器。身為電影導演，科恩兄弟之一的伊森 · 柯恩（Ethan Coen）說到他跟弟弟的創作過程中，「幾乎都是在打盹兒。」我則是把小睡當做是另一種神奇的整理術，它似乎是沒什麼「生產力」，但往往可以促使新點子的產生。

不是所有的打盹都一樣。小睡片刻可以有很多種方式。藝術家達利（Salvador Dalí）喜歡打盹的時候手上拿著一根湯匙。因為只要他一打瞌睡，湯匙就會掉下去，他就會醒過來，但這時他仍在一種夢境般的狀態中，正是他超現實畫作中所需要的。作家菲立普 · 羅斯（Philip Roth）說他是從父親那裡

學到小睡片刻的技巧：脫掉身上的衣服，拿一條毯子裹著，這樣可以睡得更好。「最妙的是，當醒過來的時候，在頭 15 秒內，你完全不知自己身在何處，」羅斯說。「你就只是活著。你只知道這點。而這是一種恩賜，純粹的恩賜。」

至於我，我喜歡「咖啡因小睡」：喝一杯咖啡或茶，躺下來睡個 15 分鐘，再回去工作，這時候咖啡因剛好開始發揮作用。

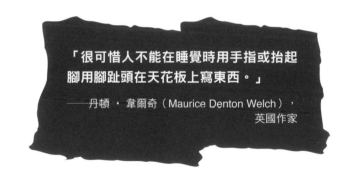

「很可惜人不能在睡覺時用手指或抬起腳用腳趾頭在天花板上寫東西。」

——丹頓·韋爾奇（Maurice Denton Welch），
英國作家

LEAVE THINGS BETTER THAN YOU FOUND THEM.

給後代留下一個美好的環境

「這是一個分離的時代。原本是在一起的，
已經被分開。而你是無法再使其重新合體。
你能做的，就是唯一你能做的。你把兩個應
該在一起的，合在一塊。」

——溫德爾・貝里（Wendell Berry），美國小說家

最厲害的一種整理術是應用在工作室或工作地點的外頭，這你是可以做得到：整理你的外在環境，那裡更為廣大。

作家大衛・塞達里斯（David Sedaris）是個天生的打掃能手。他說自己小時候總是在兄弟姐妹後頭用吸塵器打掃清理。當他第一本書的版權賣出時，他正在打掃曼哈頓的房子。現在他是暢銷書作者，非常有錢，住在倫敦西邊的一個村莊。你知道他是怎麼度過一天的嗎？在路邊撿垃圾。

沒錯，這位我們當代現存最受歡迎的一位作家，估算自己每天大約花 3 到 8 個小時在處理垃圾。塞達里斯因為撿了很多垃圾，多到當地居民將一輛垃圾車用他的名字命名為：「豬

圈塞達里斯」。在鄰里之間，他是以撿垃圾而聞名。當《西薩塞克斯郡時報》報導他的事蹟時，甚至根本都沒提他作家的身份。

有趣的是，撿垃圾完全可以與他的寫作搭配。塞達里斯就跟許多創作者一樣，喜歡做資源回收。他從日常生活中收集了許多廢棄的無用之物，例如，無意間聽到的對話片段、被忽略的經驗，然後回收，寫進文章裡。（他的日記散文集很正確地被命名為《從找東西裡偷》。）在每一季，他會把自己日記的一部分列印出來、裝訂成冊，裡面就包含了他在走路時撿到的垃圾。

少點絕望　　　　　　　　多點修補

藝術不僅是從讓人「怦然心動」的東西創作來的。藝術也是從我們覺得很醜或憎惡的東西創作出來。藝術家的工作有部分是找到場景，從混亂中找出規則，把垃圾變成珍寶，向世人展現他們沒看到的美。

我發現，有時候，想想一些在創作時會用到的標語，還蠻有啟發性的。

嶄露頭角（MAKE YOUR MARK.）
改變世界（PUT A DENT IN THE UNIVERSE.）
快速行動，打破陳規（MOVE FAST AND BREAK THINGS.）

這些標語所設定的前提是，這個世界需要有印記，或者說破壞，而人類在宇宙生存的目的常是蓄意破壞。

現況已經一團糟了。我們已經在這個星球留下太多的痕跡。我們需要減少破壞，以及更多的清掃隊員。我們需要整理的藝術、修補的藝術、復原的藝術。

我們來找找更好的口號。或許我們可以從醫學上找找：

首先，不要造成傷害。（FIRST, DO NOT HARM.）

或者我們也可以從公園的標語偷點子：

為後代留下更美好的環境。（LEAVE THINGS
BETTER THAN YOU FOUND HEM.）

就從這裡開始吧。

⑨ DEMONS FRESH

HATE
AIR.

魔鬼痛恨新鮮的空氣

TO EXERCISE IS TO EXORCISE.

運動是一種驅魔

「我在走路時獲得最好的想法。」

——索倫‧齊克果
（Søren Kierkegaard），丹麥哲學家

幾乎每天早晨，不論晴天雨天，我跟我太太會把兩個小孩放上雙人座的紅色嬰兒推車，然後在住家附近走個 3 英里。我們常常走得很累，但有時候感覺很讚，這幾乎是我們每天的例行活動。一路上我們會交談、訂定計畫，講到政治就吵來吵去。我們會停下來跟鄰居聊聊天，或者讚賞著郊野的風光。

點子會在我們晨間步行時萌生，書也是這時候討論出來。因為這對我們太重要了，我們甚至把美國郵局的座右銘拿來用：「不論下雪、下雨、大熱天，還是陰天……絕對迅速完成使命。」我們在出門去走路前，不會安排早上的會面或會議。每當我們碰到鄰居，對話都是從這句開始：「你們就是那對推著紅色嬰兒車的夫妻嗎？」

走路真的對於任何想要清楚思考的人是一個妙方。「Solvitur ambulando，」古希臘犬儒學派的代表人物戴奧基尼斯（Diogenes the Cynic）在兩千年前這樣說。意思是：走路就解決了。

會在城市裡或郊外散步、健行、閒逛的著名藝術家、詩人與科學家，可說多不計數。美國詩人華萊士‧史蒂文斯（Wallace Stevens）是從他上班的保險公司來來回回走路構想詩作。尼采（Friedrich Nietzsche）是在湖畔邊健行時寫出許多著作。「如果我沒法走得很快很遠，」狄更斯（Charles Dickens）在描述自己繞著倫敦 20 英里的長距離步行時這樣寫，「我應該會爆炸，然後暴斃。」貝多芬（Ludwig van Beethoven）與巴布‧狄倫（Bob Dylan）都曾在郊區閒晃時被警察載走：貝多芬是在 19 世紀的維也納，巴布‧狄倫是在 21 世紀的紐澤西。梭羅每天要花 4 個小時在麻州康科特郊外的林間散步，他寫道：「我想，當我的雙腿開始移動的那一刻起，我的思緒也開始流動。」

「我開始消除每天的憂鬱。之前每到下午，我就精神委靡，但有一天我發現走路這件事⋯⋯我為自己設定一個目的地，然後奇蹟就這麼在街道上發生了。」

——薇薇安・戈爾尼克（Vivian Gornick），
美國作家

走路對於身、心、靈的健康都很有益。「不論你什麼時候起床，起來後就去走路，」瑞典導演英格瑪‧柏格曼（Ingmar Bergman）跟他的女兒琳‧烏曼（Linn Ullmann）說，「魔鬼痛恨你起床。魔鬼痛恨新鮮空氣。」

我在晨間走路中學到的是，沒錯，走路超適合釋放我們內在的魔鬼，但更重要的是，或許走路也非常適合用來與我們「外界」的魔鬼搏鬥。

那些想要透過恐懼與假訊息操控我們的人，例如商人、政客、行銷人員，都希望我們滑手機或看電視，因為這樣就可以把他們的世界觀販賣給我們。如果我們不走到戶外，如果我們不出門走走路、呼吸新鮮空氣，我們就看不到自己生活的真實世界，我們也不會有自己的觀點，可以去對抗外面的假訊息。

創作會需要完全運用到我們的五感體驗。創作的過程會使我們意識到自己感受。但我們的手機或電腦螢幕卻讓我們失去了自己的覺知與判別力，這些整體的影響就是使人精神麻木。「要能夠感知，我認為，就是要尊重生命的力量，在其中歡慶，而且要完全投身在其中。」美國作家詹姆斯‧鮑德溫（James Baldwin）在他的作品《下一次將是烈火》（The Fire Next Time）中提到。他繼續寫道：「當人們開始強烈地不信任自己的感受，開始變得不像以前那樣快樂，某個非常不祥的事情便會發生在一整個國家的人民身上。」鮑德溫擔憂我們不再仰賴自己的感受：「一個不信任自己的人，也就沒有足以檢驗現實的標準。」

當我們黏著 3C 產品，世界就會變得很不真實、很恐怖、不值得投資時間或花時間在上面。地球上的每個人似乎都是酸民、瘋子，或更糟的。

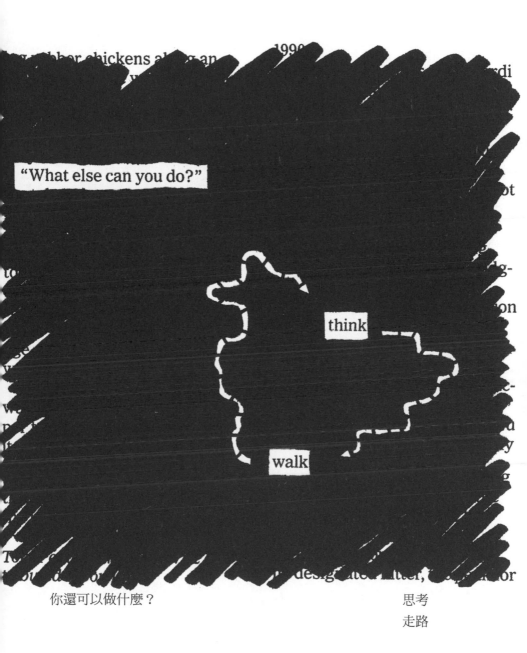

"What else can you do?"

think

walk

你還可以做什麼？

思考
走路

175

但是當你走到外面，開始走路，就會恢復感知能力。是的，
這世上總是有一些怪胎或醜惡的事情，但也有微笑的人、鳥
兒啁啾、飄過頭上的雲朵等。有各種可能。走路是一種方式，
讓人在感覺似乎什麼都沒留下的人生中找到可能性。

所以每天走到外頭去。你可以獨自一人走路，走很久很久。
可以跟朋友、愛人或小狗一起走。也可以在午休時跟同事一
起走。隨身帶個袋子跟棍子，像塞達里斯那樣邊走邊撿垃圾。
記得在包包裡帶個筆記本或相機，這樣可以隨時停下來，記
錄某個想法或圖像。

用腳探索這個世界。看看自己居住的週遭，認識一下鄰居。
跟陌生人說說話。

魔鬼痛很新鮮的空氣。

「出去走路。那是生命的榮耀。」

——梅拉 · 卡爾曼（Maira Kalman），
以色列繪本作家與插畫家

T YOUR

DEN.

種種植物

CREATIVITY HAS SEASONS.

創意有四季更迭

瑪麗‧柯麗塔‧肯特在洛杉磯當了 30 年的修女後，橫越整個美國搬到了東岸的波士頓，因為這樣可以讓她安靜地生活，創作藝術作品。她的公寓有一大片凸窗，正對著一棵楓樹，她喜歡坐在窗前，觀看著這棵樹在四季中的變化。（這在洛杉磯比較難辦到，在德州奧斯汀也很難，因為這裡只有兩種季節：很熱與更熱。）

「在過去 20 年，這棵樹是她人生中重要的導師，」米琪 ·
梅爾（Mickey Myers）說。「她跟從這棵樹學習。它在春天
時所散發的美，是必須先經過冬天的考驗，而有時候經歷過
最嚴酷的冬天，到了春天才有最燦爛的美。」

一位記者去採訪她，問她都在做些什麼。「嗯……就是看著
長在外面的那棵楓樹。我以前都沒時間好好觀察一棵樹。」
她說。

瑪麗 · 柯麗塔 · 肯特描述了自己是如何在 10 月時搬進這
間公寓，當時這棵樹正枝葉繁茂，然後她是如何看到它在深
秋時落下葉子。到了冬天，這棵樹覆滿了白雪，接著春天來
臨，小小的花冒了出來，讓它看起來完全不像是一棵楓樹。
最後夏天到了，葉子長出來了，它又看起來像是一棵楓樹了。

她說：「從某種意義上來說，那非常像我對自己人生的感
受。」「我不知道別人是否能夠發覺，但我感覺有些很棒的
新東西悄悄在我的內在出現。而且我知道，這些東西會像那
棵楓樹一樣，最後以某種形式迸發。」

對於瑪麗 · 柯麗塔 · 肯特來說，這棵樹代表了創意本身。創意的運作就像一棵樹一樣，有季節的更迭。這個運作過程，有部分是需要瞭解到自己正在哪個季節，然後採取相應的行動。在冬天的時候，「樹木雖然看起來枯槁，但我們知道它正在經歷一個非常深刻的過程，經歷了這個過程後，就是春天跟夏天了。」

美國獨角喜劇表演者喬治 · 卡林（George Carlin），很惋惜現在的人是多麼偏執於得往前衝、進步要看得見的觀念。「美國人認為，一切都要向上攀升，包括生產力、收益，甚至喜劇。」他覺得我們都搞得沒時間反思。「連合約都沒時間簽好就又要擴展。根本沒時間成熟，」他說。「沒有時間從自己的錯誤中學習。但這是完全違反大自然的規則，因為大自然是有循環週期的。」

SECONDS 秒   HEARTBEATS 心跳

DAYS 日   SUNRISES 日出

WEEKS 週   MOON PHASES 月相

MONTHS 月

QUARTERS 季   SEASONS 四季

YEARS 年   THE RETURN OF SPRING 春回大地

你必須要留心自己創意產出的節奏與週期，然後學會在平淡的時節中耐心等候。你必須給予自己時間去改變，並且觀察自己的模式。「每個季節來臨時，活在其中，」亨利・梭羅如此寫道，「然後順服每個季節帶來的影響。」

有一個方式可以讓你了解自己的創意週期，就是仿效亨利・梭羅跟瑪麗・柯麗塔・肯特：先觀察大自然的季節。每個禮拜都畫同一棵樹，畫一年。讀一下天文學。花一週時間觀察日出日落。觀察每晚月亮的變化。試著感受一下非鐘錶上的時間，看是否可以讓你重新校準，改變方式去感受到自己的進展。

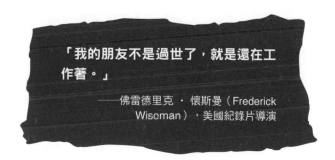

「我的朋友不是過世了，就是還在工作著。」

——佛雷德里克・懷斯曼（Frederick Wiseman），美國紀錄片導演

我們的人生也有不同的季節之分。有些人年輕時就鋒芒嶄露，有些人則是到了晚年才揚名立萬。現代的文化大部分都是讚揚那些年輕有為、很早就成名的人。但這些人常常達到顛峰後，也立刻走下坡。這是為什麼我不會去看所謂的「35歲以下的 35 位名人」這種排名。我對每年一度的排名活動沒什麼興趣。我只想要看的是「80 歲以上的 8 位名人」這種排行。

我並不想知道一個 30 歲的人是怎樣變有錢和有名的。我比較想知道的是，一個 80 歲的人是如何默默地過著自己的生活，持續創作著，快樂地活著。我想知道攝影大師比爾．康寧漢到了 80 幾歲，是如何還能每天騎著腳踏車，在紐約四處拍照。我想知道喜劇演員瓊．瑞佛斯（Joan Rivers）是怎樣可以一直講笑話，直到生命的盡頭。我也想知道西班牙大提琴家帕布羅．卡薩爾斯（Pablo Casals）是如何在 90 幾歲時，還依然可以每天早上起床練大提琴。

這些都是我尋找靈感的對象。這些人找到了可以讓自己感覺生氣蓬勃的事，也藉著做此事讓自己保持活力。這些人撒下種子、悉心照顧，讓種子茁壯成長，生生不息。

我想像他們這樣。我想把年屆八旬的藝術家大衛 · 霍克尼（David Hockey）曾說的話當成自己的座右銘：「我會持續做下去，直到自己倒下。」

「時間是沒有什麼好估算的，幾年不重要，10 年也不算什麼。做為一個創作者，是指不要去計算或估量什麼，而是像一棵樹那樣成長茁壯，不強求養分，在春天暴風雨來臨之時充滿自信地屹立著，不懼怕風雨過後夏天不會來臨。夏天一定會降臨。但需要有耐心等候，有耐心者，即使等待的時間看起來無窮無盡，也完全不在意，依然靜止著，展開著。我每天都在學習這個道理，從痛苦中學習，但我心存感激：耐心就是一切。」

——萊納・瑪利亞・里爾克（Rainer Maria Rilke），
德國詩人

「傳說有一位東方的君王，某天下令要智者們為他想出一句話，必須是前所未見的，而且還得是永遠不論何時何地都適用。他們後來向君王呈上了這句：『這一樣也會成為過去。』這句話描述得多麼好啊！在驕傲的時刻這句話多麼地發人深省！──在苦難的深淵裡又多麼地撫慰人心！『這一樣也會成為過去。』」

──亞伯拉罕・林肯（Abraham Lincoln），
第 16 任美國總統

THIS, TOO, SHALL PASS.

這一樣也會成為過去

我在上一章裡頭提到的外在魔鬼——這些傢伙不顧一切破壞這個星球,就像超人的勁敵雷克斯‧路瑟那樣瓜分利益——他們是不會永遠得逞的。他們有一天也會跟我們一樣離開這個世界。他們或許可能把我們拖走,但我們其實都是朝向同一個終點而去。不論如何,這一樣也會成為過去,他們也會逝去。這點給了我安慰。

我現在住的房子已經有 40 年之久。房屋裡面的設備其實沒有那麼舊，但是我的孩子爬上爬下的那棵樹，是尼克森總統時代就已經有的。從早晨跟附近年長的鄰居聊天中我得知，這棟房子之前的屋主太太喜歡園藝。我太太也喜歡園藝：她會將前屋主太太種的花做成花束。

從我們的洗手間往外可以看到後院的花園。每次想上廁所的時候，我就暫時停下筆，休息一下，從窗戶往外看著我太太正在鬆土，教小孩認識不同種類的植物，讓他們嚐嚐一些可以吃的部分。我看著這樣的景象，即使是最沮喪的日子，都讓我依然充滿希望。

TAKE THE LONG VIEW.

往長遠看

I plant
my garden
                                    because

What else can I do but fool
around with
                    time

我種種花草與植物，
因為我只能這麼做消磨時間。

栽種植物需要非常大的耐心與專注力,因此做園藝的人有自己獨特的時間觀與看法。

在第二次世界大戰爆發的前幾個月,是連納德與維吉尼亞·吳爾芙這對夫妻覺得最可怕的幾個月,因為他們只能「無助與絕望地」看著戰爭開打。連納德覺得最駭人的事就是聽到希特勒在廣播裡誇誇其談,他說:「一個滿懷復仇之心的居劣勢者,原本在那裡粗魯又發狂地胡言亂語,忽然發現自己居然天下無敵。」

一天下午,他正在花園裡的一棵蘋果樹下種紫色鳶尾花。「突然間我聽到吳爾芙在起居室的窗邊大聲呼叫我。」

希特勒又發表了另一篇演說。

但是連納德已經受夠了。

「我不會進去!」他對吳爾芙大喊。「我在種鳶尾花,等到它們開花的時候,他早就死了。」

他是對的。後來他在回憶錄裡寫到，希特勒在地下碉堡自殺的 22 年後，一些紫色的鳶尾花依舊在蘋果樹下開花。

我不知道自己在這世上的日子種下的是什麼樣的花，但我會找到答案，你也應該這麼做。

每天都是一顆有無限可能的種子，我們可以種下它、讓它長出美麗的事物。我們沒有時間絕望。「有一件值得欣喜萬分的事，那就是一個人是多麼幸運能夠生在這個世上，」美國桂冠詩人馬克・斯特蘭德（Mark Strand）說。「無法誕生在這世上的機率是極高的。」沒有人確切知道自己可以活多久，所以浪費我們能有的年歲是很丟臉的。

「現在正是創作的時間點。沒有時間可以絕望，沒有地方可以讓人自憐自艾，沒有必要保持靜默，沒有空間可以恐懼。我們講出來，我們寫出來，我們訴諸語言。這就是文明療癒的方式。我知道這世界傷痕累累，血跡斑斑，還有，雖然不要忽視它的痛苦很重要，但是拒絕屈服於它帶來的傷害也很重要。混亂就像失敗一樣，蘊含著引領我們獲得知識的訊息──甚至智慧。像藝術一樣。」

──托妮‧莫里森（Toni Morrison），美國諾貝爾文學獎作家

每當感覺人生的壓力大到難以承受時，請回頭看看本書的第一章，想想自己的生活。盡量試試有什麼方式可以稍稍接近自己想要達到的目標，用這些方式活出自己的人生。但寬待自己一些，不必急。不必太著急完成目標。多想想值得去做的事有哪些。不必太著急要成為偉大的創作者或藝術家。多想想怎樣可以成為一個從事創作的好人。不必太著急要一舉成名。

持續努力。持續玩耍。持續塗鴉。持續觀看。持續傾聽。持續思考。持續作夢。持續歌唱。持續跳舞。持續畫畫。持續雕刻。持續設計。持續作曲。持續表演。持續烹飪。持續研究。持續走路。持續探索。持續給予。持續活著。持續專注。

持續做你的動詞，不論如何。

持續一直努力。

"THERE IS
TO BE
IN THIS
— ANTHONY

ART LEFT MADE WORLD."

BOURDAIN (1956 - 2018)

「這個世界上還有藝術有待完成。」
——安東尼・波登（1956-2018）

WHAT NOW?

現在怎麼做？

- SWITCH YOUR PHONE TO AIRPLANE MODE.
  將手機改成飛航模式

- DRAW UP SOME LISTS.
  寫清單

- HIRE A CHILD TO TEACH YOU TO PLAY.
  找個小孩來教你怎麼玩耍

- MAKE A GIFT FOR SOMEONE.
  為某人做個禮物

- TIDY UP.
  整理東西

- LIE DOWN FOR A NAP.
  躺下來小睡一下

- TAKE A LONG WALK.
  出去走路，走久一點

- GIVE A COPY OF THIS BOOK TO SOMEONE WHO NEEDS TO READ IT.
  把這本書給某個需要讀的人

- SIGN UP FOR MY FREE WEEKLY NEWSLETTER AT: AUSTINKLEON.COM.
  訂閱我的免費電子週報：AUSTINKLEON.COM

"BOOKS ARE MADE
OUT OF BOOKS."
— CORMAC
McCARTHY

「書是從其他的書做出來的。」
——戈馬克・麥卡錫（Cormac McCarthy），
美國小說家

- HENRY DAVID THOREAU, _JOURNALS_

- URSULA FRANKLIN, _THE REAL WORLD OF TECHNOLOGY_

- NEIL POSTMAN, _AMUSING OURSELVES TO DEATH_

- DAVID ALLEN, _GETTING THINGS DONE_

- TOVE JANSSON, _MOOMIN_

- ANDREW EPSTEIN, _ATTENTION EQUALS LIFE_

- LAO TZU, _TAO TE CHING_ 老子，《道德經》

- JAMES P. CARSE, _FINITE AND INFINITE GAMES_

- KERI SMITH, _THE WANDER SOCIETY_

- ALAN JACOBS, _HOW TO THINK_

THIS BOOK BEGAN ITS LIFE IN MY DIARIES...

這本書是從我的日記展開的……

— JUN 21

7 — APR 23

1 — MAR 6

2018 JAN 20

— DEC 11

— OCT. 24

JULY 20
SEPT 3

— JULY 20

— JUNE 3

— APRIL 26

JAN — MAR

17 JAN

"THE LAST YEAR HAS FORCED US ALL INTO POLITICS.... WE DO NOT BREATHE WELL. THERE IS INFAMY IN THE AIR... [IT] ROBS THE LANDSCAPE OF BEAUTY, and TAKES THE SUNSHINE OUT OF EVERY HOUR..."

— RALPH WALDO EMERSON, 1851

IT DOESN'T MATTER IF IT'S GOOD RIGHT NOW

IT JUST NEEDS TO EXIST

PERMISSION

YOU DO NOT NEED PERMISSION BUT IF YOU INSIST

HERE IT IS.

2017 HAS BEEN A SLOW PROCESS OF _DISCONNECTING_ FROM DIGITAL LIFE AS A WAY OF _RECONNECTING_ WITH LOCAL PLACES AND the _INTERNAL STATE_. _WALKING_ IS the EASIEST WAY TO DROP OUT OF the ONLINE FEED AND ENGAGE all 5 ANALOG SENSES, TO SEEK OUT DISCOVERIES IN OUR EVERY DAY WORLD, AND THEN _WRITING_, BY HAND, ALLOWS US TO CALL FORTH WHAT IS _INSIDE_ US, TO DISCOVER + RECORD.

—WAYS OF THINKING WHILE MINIMIZING DISTRACTION

they are really the same thing — discovering what's inside you...

MISTAKEN FOR VAGRANTS

I FIND IT CURIOUS THAT BOTH BEETHOVEN and BOB DYLAN WERE MISTAKEN FOR VAGRANTS AT the PEAK OF THEIR ~~POWERS~~ FAME — BEETHOVEN IN the SUBURBS OF VIENNA, and BOB DYLAN SOMEWHERE IN NEW JERSEY...

I got a flashlight out

Jules at a monkey, and

he started drawing these
small little scenes — him

people? sweet boys.

ZINES

IF I JUST MAKE
A ZINE a MONTH,
CAN I STAPLE
THEM TOGETHER
at the END
and CALL IT
A BOOK?

點子就是一直來（點子都是偷來的3）

不論在順境還是逆境，10個保持創意來源的方法

Keep Going: 10 Ways to Stay Creative in Good Times and Bad

作　　者	奧斯汀‧克隆 Austin Kleon
譯　　者	吳琪仁
責任編輯	汪若蘭
行銷企劃	李雙如
內文構成	賴姵伶
封面設計	賴姵伶

發 行 人	王榮文
出版發行	遠流出版事業股份有限公司
地　　址	臺北市南昌路2段81號6樓
客服電話	02-2392-6899
傳　　真	02-2392-6658
郵　　撥	0189456-1
著作權顧問	蕭雄淋律師

2020年3月1日　初版一刷
定　　價　平裝新台幣250元
（如有缺頁或破損，請寄回更換）
有著作權‧侵害必究 Printed in Taiwan
ISBN　978-957-32-8706-3
遠流博識網　http://www.ylib.com
E-mail　ylib@ylib.com

國家圖書館出版品預行編目 (CIP) 資料

點子就是一直來：不論在順境還是逆境，10 個保持創意來源的方法 / 奧斯汀 . 克隆 (Austin Kleon) 著；吳琪仁譯 . -- 初版 . -- 臺北市：遠流，2020.03
　面；　公分
譯目：Keep going : 10 ways to stay creative in good times and bad
ISBN 978-957-32-8706-3(平裝)
1. 創意 2. 創造性思考
176.4　　　108022954